답답해서

찾아왔습니다

답답해서 찾아왔습니다

초판 1쇄 발행 2022년 9월 23일

지은이 한덕현 · 이성우

펴낸이 조기흠
기획이사 이홍 / **책임편집** 정선영 / **기획편집** 유소영, 박의성, 박단비, 전세정
마케팅 정재훈, 박태규, 김선영, 홍태형, 임은희 / **제작** 박성우, 김정우
디자인 문성미

펴낸곳 한빛비즈(주) / **주소** 서울시 서대문구 연희로2길 62 4층
전화 02-325-5506 / **팩스** 02-326-1566
등록 2008년 1월 14일 제 25100-2017-000062호

ISBN 979-11-5784-614-6 03180

이 책에 대한 의견이나 오탈자 및 잘못된 내용에 대한 수정 정보는 한빛비즈의 홈페이지나
이메일(hanbitbiz@hanbit.co.kr)로 알려주십시오. 잘못된 책은 구입하신 서점에서 교환해드립니다.
책값은 뒤표지에 표시되어 있습니다.

⌂ hanbitbiz.com ✦ facebook.com/hanbitbiz ⓝ post.naver.com/hanbit_biz
▶ youtube.com/한빛비즈 ⓘ instagram.com/hanbitbiz

지금 하지 않으면 할 수 없는 일이 있습니다.
책으로 펴내고 싶은 아이디어나 원고를 메일(hanbitbiz@hanbit.co.kr)로 보내주세요.
한빛비즈는 여러분의 소중한 경험과 지식을 기다리고 있습니다.

답답해서 찾아왔습니다

내일이 막막한 록커와
불안 전문가의 아주 특별한 대화

한덕현 + 이성우 지음

HB 한빛비즈
Hanbit Biz Inc.

지금 무슨 생각을 하고 있나요

정신건강의학과 전공의로서 처음 환자와 면담을 준비할 때, 나는 무슨 이야기를 어떻게 해야 할지 두렵고 막막하고 불안했다. 그런 내게 스승님은 물론 선배들은 '환자의 말만 듣고 있으면 된다'고 말했다. 환자의 말을 끊고, 의사가 말을 많이 하는 것이 오히려 나쁜 것이라 가르쳐주셨다.

그때 나는 힘들고 어려워서 나를 찾아온 환자에게 어떻게 아무것도 안 해주고 그가 하는 말을 듣고 있으란 것인지 전혀 이해가 되지 않았다. 답답한 마음에 상담과 정신 치료가 어떻게 진행되는지 면담을 잘하는 교수님이나 선배의 진료실을 몰래 엿보고 싶었지만, 환자의 프라이버시 때문에 혹은 치료 과정에 방해가 되기 때문에 견학도 못 하게 했다.

그래서 대신 선택한 것이 과외를 따로 받는 것이었다. 환자와 면담한 이야기를 녹음한 후 (물론 환자의 동의가 있었다) 그 내용을 글로 써서 정신 치료를 잘하는 정신과 선생님을 찾아뵈었다. 이것을 정신치료 슈퍼비전이라고 한다.

슈퍼비전 첫 시간에 사실 나는 많이 실망했다. 내가 얼마큼 상담을 잘했는지, 얼마나 환자에게 정성을 다했는지 칭찬 받는 시간이라 생각했는데, 그게 아니었던 것이다. 슈퍼비전을 해주시는 선생님은 한 마디도 하지 않으시고 환자와 나의 대화 내용만을 읽고 계셨다. 그리고 아주 가끔(10분에 한 번 정도) 환자와 대화한 나의 생각과 감정만을 물어보셨다. 50분이 지난 후 마지막에 이렇게 말씀하셨다.

"누가 정신 치료를 받고 있나요?"

지금 돌이켜보면 정말 너무 서툴고, 환자분께도 죄송한 치료를 하고 있었다. 아니 오히려 내가 환자에게서 불안 치료를 받고 있다고 해야 할 정도였다. 내가 환자보다 말이 더 많았고, 경험 부족한 초보 의사의 설익은 의학적 지식과 철학이 담긴 두서없는 이야기를 내뱉고 있었다. 이후 1년간 상담을 할 때, 말을 줄이는 훈련과 더불어 환자의 말을 듣는 훈련을 열심히 했다. 나중에는 "누가 치료 받고 있나요?"라는 말에 자신 있게 답할 수 있게 되었다.

상담실에서 내담자는 자신이 말하고 싶은 것을 떠오르는 대로 이야기하고, 정신과 의사(혹은 상담가)는 내담자의 이야기를 따라가며 내담자가 하고 싶은 이야기의 줄거리와 핵심을 잡아나간다. 치료자는 기술적인 인도로 내담자의 마구잡이식 이야기를 줄거리가 있는 일정한 이야기로 만드는 것이다.

이 책《답답해서 찾아왔습니다》의 주인공은 '록커'다. 혹시 록커가 어떻게 상담을 받고 있는지 엿보고 싶은 분이 있으면 잘 찾아오셨다. 이 책에서 '록커'는 개인의 이야기를 하지만 어쩌면 '우리 모두'의 이야기를 대변한다. 자신의 일상생활과 어렸을 적 일어난 일들을 통해 우리의 과거와 현재를 대신 이야기해주고 있다. 그리고 상담실 안에 있는 정신과 의사는 록커(우리)의 의식의 흐름을 따라간다. 록커의 이야기를 듣고 있는 정신과 의사도 곧 '우리'이기에 정신과 의사의 이야기도 곳곳에 숨어 있다.

혹시 '정신과 의사가 어떤 좋은 말을 해주나~' 하고 찾아오신 분이 있다면 잘못 오셨다. 이 책에서 여러분은 좋은 말이나 교훈을 얻기보다는 록커(우리)가 내민 과거와 현재를 그냥 물 흘러가듯 각자의 방식으로 느끼고 생각할 것이다.

코로나 팬데믹이라는 지난 몇 년간의 '제한' 속에서 우리는 "○○은 안 된다, ○○은 지켜야 한다, ○○은 금지된다"는 말을 줄곧 들어왔다. '참'과 '거짓'의 정의가 다른 사람에 의해 정해졌다. 그래서 참과 거짓을 스스로 정의하고자 하는 무의식적 갈망이 커졌다. 그것의 시작은 내 스스로 느끼는 감정과 생각이 제일 처음이 되어야 할 것이다.

아직도 부족한 정신과 의사이지만, 록의 한 시대를 이끌고 있는 노브레인의 이성우 씨와 함께 이 책을 통해 포스트 코로나 시기에 '당신의 느낌대로 살 수 있다'는 메시지를 독자분들에게 전하고 싶다.

한덕현

2부 선생님, 제가 말이에요

3부 괜찮아요, 잘해왔고 잘하고 있습니다

1부

**뭐가 뭔지
잘 모르겠습니다**

당연했던 일상이 무너진 후에

이성우

처음 선생님을 만나게 된 계기가 생각납니다. 제가 불안장애와 불면증을 겪게 되면서였죠.

요 2년 사이, 다른 사람들처럼 코로나로 저 역시 손발이 묶였어요. 한 달에 수십 번씩 마음껏 뛰어놀던, 제겐 놀이터 같았던 공연장에 가는 일도 한 달에 한 번이 될까 말까였죠. 라이브클럽의 사장님들도 저를 보곤 울먹이며 말을 잇지 못할 정도였고, 함께 일하는 스태프들도 언제 그만둬야 할지 모르겠다는 하소연을 하곤 했습니다. 밴드들의 수입이 줄어드니 저희 회사 또한 타격을 받았고 대표의 얼굴에선 웃음기가 사라지고 한숨만 새어 나왔습니다. 제 주변에 자영업자 친구들이 많은데, 어깨가 축 처져서는 꾸역꾸역 버티고는 있는데 언제까지 버틸 수 있을지 모르겠다는 말만 반복했습니다.

저도 힘든데 주변 사람들로부터 힘들다는 말을 계속 듣다 보니 아무리 매사에 긍정적으로 생각하려 해도 잘 안 되더라고요. 불확실한 오늘과 내일, 거기에 억눌린 욕구들까지 더해져 걱정과 스트레스라는 괴물이 제 안에 계속 꿈틀거리다 저를 집어삼킬 것만 같았습니다.

그때 예전에 황재균 선수가 자기 멘토링을 해주시는 좋은 선생님이 계신다는 말을 했던 게 기억났습니다. 얼른 그 친구에게 연락을 해 선생님과 만나게 되었죠. 저라는 인간은 어떤 위기 상황에 놓이게 되면 적극적으로 그 상황을 타개하기 위해 발버둥치는 본능이 있나 봅니다.

'아… 어쩌지… 아… 어쩌지…' 부정적인 생각이 꼬리의 꼬리를 물고 끝이 보이지 않을 때, 저를 응원해주는 가족과 친구들의 말도 귀에 잘 닿지 않고, 불안과 불면으로 힘든 날을 보내고 있을 때 선생님의 존재가 떠올랐으니 말입니다.

선생님을 처음 만났을 때 해주셨던 말이 생각나네요. "좋아하는 것을 그만둬도 상관없어야, 그 일에 더 집중하고 사랑할 수 있다"라는 말씀이었죠.

너무나도 충격적인 말이었습니다. 내가 사랑하는 노래를 그만둘 수도 있다는 생각을 하니 너무나도 당황스러웠지만 이어지는 선생님의 말, "록을 25년 했는데 그 정도 배짱은 있어야 하는 거 아니에요?"라는 말에 무릎을 탁 치며 "그렇죠! 그렇죠!"라며 연신 호응을 할 수밖에 없었습니다. (사실 그때 해주신 말씀이 정확히는 기억이 안 난다…)

아무튼 그때 제 얘기를 다 듣고는 '지금 상황에 이러는 게 당연한 거'라며 토닥여주신 덕에 불안과 불면이 차츰 사라진 것 같아요.

선생님은 참 담백한 어조로 말씀하시지만, 꽤 예리하고 살짝쿵 찌르는 느낌이 있습니다. 말투가 포근히 안아주는 것 같아서 따듯하다고 느끼다가도 정신이 바짝 들게 귀싸대기 올려주는 느낌이 있어요. 절대 욕 아닙니다, 선생님!

최근 본 선생님의 유튜브도 그랬습니다. 출연하신 유튜브 방송에서 슬럼프에 대해 말씀하시더라고요.

저란 사람은 겉으로 보기엔 꽤 대범하고 자질구레한 건 잘 잊어버리고 사는 사람 같지만 의외로 그렇지 않아요. 막상 큰일들엔 대범한 면도 있지만 의외로 자질구레한 무언가를 잘 놓지를 못하죠. 소심할 땐 한없이 소심하고 별거 아닌 거에 한번 꽂히면 이게 며칠을 가고 몇 달이고 가죠.

무대에서 가사를 틀렸다든지 삑사리가 났다든지 하면 '실수할 수도 있지' 하고 다음 곡에 더 신경을 쓰는 게 좋을 텐데 그게 잘 안 돼요. 한 번 틀리면 공연 내내 신경이 쓰여서… 뭐랄까, 똥 싸고 제대로 못 닦은 기분이랄까요. 물론 공연이 끝난 후에도 다른 잘한 것은 하나도 생각이 안 나고, 잘못한 거 하나 때문에 영 기분도 그렇습니다. 일상생활에서도 실수를 잘 잊어버리지 못하고요. 최근에도 그런 일이 있었습니다.

그런데 오늘 선생님이 출연하신 유튜브를 보면서, 다시 한번 무릎을 탁 쳤습니다. "실수를 해도 원래의 나로 살 수 있고, 처음 계획한 대로 시작할 수 있거나 융통성 있게 방향을 바꿀 수 있다는 자신에 대한 믿음을 가져야 한다."

캬아…! 실수를 해도 원래의 나로 살 수 있다!

정말 신선한 충격이었습니다. 원래의 나로 살 수 있어야 하는데 실수를 했다는 것에 스스로를 옥죄고 힘들게 하고, 제 자신을 누구보다도 믿고 사랑해주어야 하는데 그러지 못했다는 생각이 들면서 얼굴이 화끈거렸어요.

'남들에게는 자기 자신을 믿으라며 가사를 쓰고 노래를 하면서 막상 그 말을 까먹고 살고 있는 내 자신아. 이러지 말자. 너조차 너를 안 믿으면 누가 널 믿겠어. 둘도 없는 단 하나의 존재인데 왜 그걸 또 까먹고 살고 있냐. 실수는 실수다. 커피를 쏟았다면 흘린 커피를 빨리 닦고 커피는 다시 내리면 된다. 흘린 커피가 아깝다느니 옷에 커피가 묻었다느니 그런 생각해 봐야 짜증만 나지 별로 도움 안 된다. 고장 난 에스프레소머신이라면 고치면 된다. 실수하는 나도 예뻐해주자고.'

지금 생각해보면, 코로나가 저에게 나쁜 영향만 준 건 또 아닌 것 같습니다. 제가 무얼 좋아하고 무얼 하고 싶은지 저 자신에 대한 끝없는 물음에 답을 주기도 했어요.

매번 당연하게 올라갔던 무대들, 쿵쾅거리는 드럼소리, 둥글둥글 굴러가는 돌 같은 사운드의 베이스소리, 시끄럽지만 피를 끓게 만드는 기타소리, 관객들의 환호… 제가 진정으로 원한 건 바로 이런 것이었다는 걸 확실하게 깨닫게 되는 시기이기도 했습니다.

이제 실외 마스크 제한도 풀리고, 코로나 전의 일상으로 조금씩 되돌아가는 것 같습니다. 당연했던 일상이 당연해지는 날이 다시 오겠죠?

사람이 있어야 할 곳에 있지 못하고, 해야 할 일을 하지 못할 때, 소위 마음의 병이 생기는 것 같습니다. 모쪼록 모든 게 제자리를 찾아, 마음 아픈 사람들이 점점 줄어 선생님이 팽팽 놀게 되시는 날이 왔으면 좋겠습니다. 그런 날이 오면 선생님 기분이 어떠시려나요?

당연한 것이 진실입니다

한덕현

아쉽게도(?) 우리 인간의 욕망이 존재하는 한, 제가 노는 날은 오지 않을 것 같아요….

저도 성우 씨를 처음 만난 날을 기억하고 있습니다. 그때 제가 성우 씨의 얘기를 듣고 한 말을 정확히 다시 하면, "그렇다면 가수 할 필요가 없겠네요"였죠.

당시 제가 본 성우 씨는, 노래를 '잘' 부르고 공연을 '잘'하는 가수가 '안 되면 어떡하지' 걱정하고 있었습니다. 많은 사람이 인정하듯 노브레인은 25년 넘게 노래를 한 우리나라 대표 록그룹인데, 노래를 '잘'하고 공연을 '잘'하고 싶다는 고민을 심각하게 하고 있더군요.

무엇을 '잘해야 한다'는 생각은, 지금 못하고 있으니 현재를 버리고 혹은 바꿔서 다른 상태로 가야 한다는 압박에서 비롯됩니다. 노브레인은 지난 25년 동안 잘하려고 엄청나게 노력을 했겠죠. 한 해 한 해 더 잘하는 법을 찾기 위해 노력했겠죠. 하지만 그 해답을 찾기란 어려웠을 것입니다. 그래서 괴로웠을 거예요. 왜냐하면 지금 잘하고 있기 때문이죠!

제가 스트라이크를 못 던지는 투수에게 가장 많이 해주는 말이 '투수는 공 던지는 사람입니다'라는 말이고, 슬럼프에 빠진 타자에게 가장 많이 해주는 말이 '타자는 공 치는 사람입니다'라는 말입니다. 너무도 당연한 말인데, 선수들이 이 말을 좋아하는 이유는 평소 이 말에 한 글자를 더해서 경기를 해왔기 때문입니다.

바로 '잘'이라는 글자죠. 투수는 공을 '잘' 던지는 사람, 타자는 공을 '잘' 치는 사람으로 말이죠. 이 '잘'이라는 말은 선수가 자기 자신의 행동을 이상하게 바꾸는, 즉 자기가 연습하고 생각했던 평소의 자신을 잊게 만드는 놀라운 단어입니다.

25년 넘게 노래를 부르고 공연을 하고 멤버들과 연습을 하는 이 일상이 뭔가 틀렸고, 이상이 있을 거라는 의

심을 하게 된다면, 이는 노브레인의 과거와 현재를 일단 부정하고 시작하는 것입니다. 그렇다면 노브레인 스스로도 자신들은 노래를 부를 자격이 없다는 생각이 들 것 같았어요. 예전처럼 신나고, 힘 있고, 솔직하게 어필하며, 대중이 인정하고, 그게 신나서 더 열심히 하고…, 이렇게 성우 씨가 생각하는 과정들이 꼭 맞아떨어져야 가수의 자격이 있다고 느끼는 것 같습니다.

그래서 제가 거꾸로 이야기해드린 것이죠. 짧게는 '그렇다면 가수 할 필요가 없겠네요'라고 했지만, 길게 이야기하자면, 자기가 하는 퍼포먼스를 기획하고, 반응을 살피고, 예상한 대로 결과를 이끌어내는 것은 기획자가 할 일인데, 그것을 성우 씨가 혼자 다 짊어지고 하려니까, 가수가 아니라는 이야기였죠. 가수가 노래 부르는 것에 집중하지 않고 다른 일에 신경 쓰면, 당연히 노래 부르는 것이 부담스럽지 않을까요? 그래서 제가 먼저 그럼 노래 부를 자격이 없다고 성우 씨의 가수라는 정체성을 부정해보았더니, 성우 씨가 자신의 정체성을 더 소중하게 인정하더라고요.

이런 일들은 일반 사람들에게도 흔히 일어납니다. 우리는 불안해지면 시야가 좁아져 나의 당연한 일상을 하찮게 여기고, 이것 외에 다른 특별한 뭔가가 있다고 생각하죠. 인간은 욕심이 많아서, 지금 내가 쥐고 있는 것은 벌써 옛것이어서 버려야 하고 새로운 무엇인가는 소중해서 취해야 한다는 마음을 누구나 가지고 있어요.

새로워지는 것과 새로운 트렌드를 받아들이고 적응해 나아가는 것은 다른 개념입니다. 25년 된 건물에 인테리어를 하고 새로운 구조를 더할 것이냐, 아니면 건물을 몽땅 무너뜨리고 새 건물을 세울 것이냐의 문제죠. 자신의 것을 인정하고 그 인정을 기반으로 업데이트하고 더하는 것이 '변화'라면, 지금 있는 것을 부정하고 새로 만드는 것은 '잘하라는 강요'라 볼 수 있습니다.

우리 인간은 지금 혹은 과거의 우리 자신을 인정하기를 불안해합니다. 그것을 그대로 유지하고 혹은 인정해버리면 발전이 없으니 부정해야 뭔가 새로운 삶이 있다고 자신을 위로하려 합니다. 하지만 과거나 지금의 우리 모습은 현재를 있게 한 최고의 연습이었고, 오늘의 나의 토대였습니다. 아침에 일어나서 양치질과 세수를 하고, 아침을 먹고 직장을 가고, 주말에 가족 혹은 친구들과 여가를 즐기는 과정들…, 이것들은 너무도 당연한 것이지만 우리가 특별한 성과를 이루는 데 양분이 되어준 것이죠.

그런데 이런 기초적이고 평범한 일상은 자극과 특별함을 추구하는 현대에는 그 가치가 많이 절하되고 있었습니다. 그러다 우리는 코로나를 만났습니다. 그리고 아주 평범한 일상이 통제되고, 제한당하면서 그 평범한 가치가

재조명되었죠.

코로나 시대에 우리는 '이유 있는 통제' 즉 논리적 통제를 당해야 했습니다. 과거 외적의 침입이나, 전쟁 혹은 정치적 목적의 통제와 억압을 당했을 때는 비논리적 통제, 즉 부당한 억압과 통제였기 때문에 대놓고 저항하고 목숨까지 바쳐가며 자유를 쟁취하는 능동적인 행동을 할 수 있었습니다.

그런데 코로나 팬데믹 시기에는 국가의 방역 수칙과 통제를 따라야 했습니다. 내 자신의 건강과 안전뿐 아니라 다른 사람의 건강과 안전을 위해서도 말이죠. 하지만 여기에는 구체적으로 대놓고 저항할 수 있는 외부의 대상도 없습니다. 누가 언제 어떻게 이 나쁜 바이러스를 퍼뜨렸는지, 언제까지 이렇게 지내야 하는지, 앞으로 비슷한 일이 발생하면 또 다른 답답함이 나에게 올 것 같은 모호함과 막막함 그 자체가 우리를 더 힘들게 만들고 있는 것이죠.

우울증이 생기는 가장 큰 이유 중 하나는 바깥으로 향하는 공격성이 바깥 대상을 찾지 못해서, 나에게로 향하기 때문입니다. 즉, 원망할 대상이 없으니까 지금 이렇게 우울한 상황을 만든 것은 결국 '나'이구나 하고 자신을 탓해버리는 것이죠. 그러니 지금 성우 씨뿐만 아니라, 많은 사람이 느끼는 우울감은 당연한 겁니다.

　다시 평범했던 일상으로 돌아오기 위해서는 내가 나대로 느끼고, 내가 생각하고 행동하는 것을 있는 그대로 표현하여, 우리의 직감intuition을 교류할 수 있는 장이 필요할 겁니다.

무엇을 '잘해야 한다'는 생각은

지금 못하고 있으니, 현재를 버리고,

혹은 바꿔서

다른 상태로 가야 한다는 압박에서 비롯됩니다.

하지만 그 해답을 찾기란 어려웠을 것입니다.

그래서 괴로웠을 거예요.

왜냐하면 지금 잘하고 있기 때문이죠!

밤낮이 뒤바뀌고 불면증에 시달리다

이성우

코로나 기간 동안 일이 없고 한가해지다 보니, 늘어지는 건 순식간이네요. 제가 태어나서 이렇게 한가했던 적이 있었나 하는 생각이 들 정도로 한가해졌어요. 이럴 때일수록 음악 작업이라든지 생산적인 무언가를 해보면 되지 않을까 하는 말을 할 수도 있겠지만 천만의 말씀!

공연도 별로 없고 공연장에 간다고 해도 관객들의 함성이 사라진 공연장을 다니다 보면 뭐랄까 기운이 정말 안 생깁니다.

저처럼 밴드하는 사람들은 보통 남들이 경제 활동을

멈추고 개인의 삶을 시작할 때 본격적으로 일을 하는 것이 일반적이라 새벽에 잠자리에 들곤 하죠. 그러다 가끔 잘못 걸리면 아무리 잠을 청해도 새벽부터 아침까지 뜬 눈으로 지새울 때가 있습니다.

지방공연이 있는 날 잠을 못 자면 정말 곤혹이죠. 아침 일찍부터 나서는데 공연을 마치고 차 안에서 잠이 들기라도 하면 그날 잠은 다 잔 거예요. 집에 돌아와 자리에 누워 빈둥대다가 해가 중천에 떠서야 겨우 눈을 붙이고 늦은 오후에 눈을 떠요.

저도 남들처럼 상쾌한 아침에 두 눈을 뜨고선 기지개를 켠 다음, 미지근한 물을 한 잔 마시며 오늘을 어떻게 보낼지 상상하며 여유롭게 시작하면 좋겠어요. 그런데 생활 패턴이 불규칙하다 보니 얼리버드는 꿈도 못 꿔요.

꼭 잠을 자야 한다는 부담감이라도 엄습하면 더 잠을 못 자는 것 같습니다. 〈복면가왕〉 녹화를 앞두고는 아침 9시까지 MBC에 가려면 전날 일찍 자야 한다는 긴장감에 잠을 전혀 자지 못하고 8시에 매니저와 집을 나섰던 적도 있네요. 오후에 대기실에서 한두 시간 정도 자기는 잤어요. 아하하….

한번은 〈아카이브 K〉라는 프로그램에서 인디밴드들이 모여 토크와 노래를 한 적이 있어요. 그때 모인 시간이 꽤 이른 시간이었던 걸로 기억합니다. 저도 몇 시간 못 자고 나갔는데 올빼미로 유명한 후배가 보이길래 "잠은 좀 잤어?"라고 물어보았죠. "형, 저 그제 잠을 아예 안 자고 한 바퀴 돌렸어요"라고 하는데 실소가 나오면서 동질감을 느꼈지 뭐예요.

사실 다음 날 아침 일찍 뭐라도 있는 날이면 며칠 전부터 신경이 쓰입니다. "그럼 일찍 자면 되잖아!" 주변에서 이렇게 말하는데 '그게 맘대로 되냐, 인마?! 되면 진즉에 했지!'라고 속으로 답할 뿐입니다.

새벽이란 고요한 시간은 파도가 다 사라진 바다 같아요. 밝은 낮에는 절대 느낄 수 없는 감성이죠.

하지만 밤과 낮이 바뀐 생활을 하다 보면 불편한 게 한두 개가 아니에요. 누군가와 약속을 잡는 건 거의 불가능하고 점심에만 영업하는 맛있는 식당도 못 가죠. 해가 너무 짧아져서 뭐 한 것도 없는데 하루가 금방 다 가버린 듯한 느낌이 들어요. 아침 7시, 8시에 잠을 자서 오후 12시쯤 반려견 두부 넨네가 밥 달라고 깨우면 밥을 주고 다시 잡니다. 그리고 3시, 4시에 다시 일어나죠. 자꾸 이렇게 지내다 보니 두부와 넨네에게 가장 미안합니다. 특히 두부가 햇빛을 온몸으로 받는 걸 진짜 좋아하거든요.

뭐, 특별히 해야 할 것도 반드시 해야 할 것도 없다 보니 규칙적으로 하는 건 두부 넨네의 산책 정도예요. 금방

해가 지고 금방 어둠이 찾아옵니다. 하루에 햇빛을 보는 시간도 적어서 그런지 사람이 팍팍해지더라고요. 이게 엉망이란 건 알고 있지만 또 잘 안 고쳐집니다. 휴….

작년, 그러니까 2021년 한 해 동안 저는 유독 불면증에 시달렸어요. 꼬리에 꼬리를 무는 생각과 걱정으로 자고 싶어도 잘 수 없는 날들이 이어졌습니다. 거기다 금연을 시작했는데 니코틴 금단 증상 중의 하나가 불면증이더라고요. 아유우, 불면증은 사람을 정말 피폐하게 만들어요. 일반적인 회사생활로 나름 규칙적인 생활을 하는 친구들조차도 불면증에 시달리는 것 같았어요. 누구나 불면증에 시달리는 거죠.

선생님, 이놈의 불면증 원인은 무엇이고 해결 방법은 무엇일까요? 불면증에 시달리는 다른 사람들은 어떻게 하던가요? 선생님께선 무슨 말을 해주시나요?

가장 좋은 불면 치료법

한덕현

불면증으로 저를 찾는 사람들은 버티고 버티다 안 돼서 오는 경우가 대부분입니다. 이런 분들은 정말 큰맘 먹고 병원에 와서 제가 약 하나를 딱 주면 마법처럼 잠을 푹 잘 수 있는 그런 상황을 원합니다. 그런데 불행하게도 저를 만나는 환자들의 70퍼센트 이상은 약을 못 받아 갑니다. 심지어는 다른 곳에서 약을 받던 환자들도 제게 와서는 수면제를 못 받아 가는 경우도 있습니다. 그분들의 얘기를 잘 들어보면 잠을 자고 있더라고요, 낮에….

이유야 어찌 되었든 불면으로 힘들어하는 분들은 대

부분 밤에 잠을 못 잡니다. 그래서 힘드니까 낮에 잠을 자게 된다고 이야기합니다. 그런데 (몸이 볼 때는) 많은 경우 일부러 안 자는 것입니다. 예컨대 밤에 일이 있어서 잠을 못 잤다면 상황적으로 볼 때는 이유가 있습니다. 하지만 온전히 내 몸의 관점에서 볼 때는 일부러 안 자는 것이죠. 그렇기 때문에 밤에 안 잤으니까, 낮에 자야지 하는 것입니다.

그렇게 며칠을 낮에 자고 밤에 깨어 있다가, 다시 밤에 자려고 하면 당연히 밤에는 잠이 안 옵니다. 잠의 주기가 깨진 것이죠. 그래서 나는 이제 밤에 못 잔다는 생각이 들면, 밤에 자려고 노력하게 됩니다.

그런데 그 노력이 어찌 보면 불면을 더욱 악화시키는 경우가 많습니다. 자기 전에 포도주 혹은 술을 한 잔 마시면 잠이 잘 온다며 매일 술을 드시는 분이 있습니다. 술은 잠깐 잠들 때 도움이 되는 것처럼 보일 수 있지만, 곧 내성(한 잔이 두 잔 되고, 두 잔이 세 잔 되는…)이 생기고, 오래될수록 불면을 더욱 악화시킵니다. 그래서 포도주 대신 따뜻한 우유를 한 컵 마시면 된다고 하는 분들도 있어요. 하지만 우유 한 잔은 보통 200CC 정도 되는데 중간에 소변이 마려워 잠을 깨우게 됩니다.

또 어떤 분은 잠을 자기 위해 일종의 의식을 갖기도 합니다. 저녁 6시부터 목욕하고 온갖 좋은 음악을 틀어놓고, 저녁 8시부터 침대에 누워 잠에 들기를 염원하죠. 그런데 9시가 돼도 10시가 돼도 잠은 안 오고 식은땀만 흐르고, 시계를 또 봐도 10시 30분입니다.

12시가 되어도 시계 소리만 째깍째깍 크게 들리고 이러다 오늘도 잠 못 자겠다 싶어지면 슬슬 불안이 밀려옵니다. 새벽 3시가 되어도 잠은 못 자고, 오늘 하루 일을 어떻게 할까 걱정하면서 새벽 4시에 간신히 잠이 듭니다. 아침 10시쯤 자다 깨다 하면서 자리에서 일어나려 하지만 힘들어서 조금 더 누워 있다가 아침 11시 30분쯤이 되어서야 오후 일정 때문에 간신히 일어납니다. 이것이 일주일, 한 달 반복됩니다.

사람이 노력으로 잠을 자기란 불가능합니다. 하나도 안 졸린데, 어떤 노력을 해서 잠을 잘 수 있는 사람이 몇 명이나 있겠습니까? 그런데 아침에 일어나는 것은 가능합니다.

누군가 "저는 아무리 깨워도 못 일어나요. 알람 소리를 듣지 못합니다"라고 한다면 그건 핑계에 불과합니다. 알람 하나 가지고 못 일어나면 10개를 맞추어놓으면 되고, 작은 핸드폰 알람에 반응을 안 하면, 수박만 한 자명종을 사다가 나를 깨우면 됩니다.

그래서 불면증 치료의 시작은 아침에 안 자고 일어나

있는 것에서 출발합니다. 이런 노력을 통해 일상생활을
규칙적으로 만들어야 합니다. 이렇게 규칙적인 생활을 하
고 낮잠도 자지 않고 술을 비롯한 물질에 의존하지 않고
밤에 너무 일찍 잠자리에 들지 않는데도 불면이 유지된다
면, 그때 약물 치료를 고려해보는 것이죠.

성우 씨는 아침에 일어나기 위해, 혹은 규칙적인 생활
을 위해 어떤 노력을 하고 계신가요?

─────────〰〰〰〰〰〰〰〰〰〰〰〰〰〰〰〰〰〰〰─ 이성우

전 이렇게 낮과 밤이 바뀌는 경우가 많아 다시 패턴을 바
꾸고 싶을 때 하루를 꼴딱 지새워 몸을 엄청 피곤하게 만듭
니다. 눕기만 하면 바로 잠에 들 수 있도록 말이에요.

여기서부터 정말 중요합니다. 만약 새벽에 잠을 깨더
라도 계속 잠을 청해야 합니다. 어중간하게 깨버리면 다
음 날 오후에 엄청 피곤해서 패턴을 되찾는 일은 실패로
돌아가는 거죠. 푹 자고 9시나 10시 정도에 깨어나면 일
찍 일어난 새들만 먹을 수 있다는 맥모닝 세트 하나 먹어
줍니다. 그럼 이제 반은 성공한 거예요. 몸이 아직 아침에
일어난 것에 적응은 못한 상태인지라 정신은 몽롱하지만
뭔가 뿌듯해요.

그래도 요즘은 생활패턴을 규칙적으로 만들려 노력하다 보니 전보다 일찍 일어나는 쾌거를 보이고 있습니다. 일찍 자기 위해서는 역시 제 몸을 피곤하게 만드는 게 최고인 것 같아요. 운동을 빡세게 하고 멍멍이들과 부지런히 산책하고 나면 밤에 잠이 안 올 수가 없어요. 이제는 좀 더 욕심을 내서 햇빛도 더 오래 보고 싶고 하루가 길어지는 마법을 경험하고 싶네요.

사람 만나는 게 싫은 내가 싫다

이성우

선생님, 저는 사람 만나는 일이 힘들 때가 있어요. 사람마다 다른 개성, 다른 취향, 다른 성품을 가지고 있다 보니 사람 대하는 방식이 수학 공식처럼 정해져 있지 않잖아요. 그래서 저는 소수의 인원만 모이는 자리가 편해요.

하지만 친한 친구들과 만나서도 막상 그 자리를 즐기지 못하고 집에 돌아와 허탈한 감정에 멍하니 시간을 보낼 때도 있어요. 이렇게 사람 만나는 게 꼭 해야만 하는 의무 같을 때면 너무 피곤합니다. 만남을 즐기지 못한 제가 한심하기도 하고요. 물론 가끔 있는 일이니 다행이죠.

"에라 모르겠다. 그냥 즐겁게 놀련다" 하면서 내던져버리면 또 편해지기도 하고요. 이런 제가 좋을 때도 싫을 때도 있는데 뭔지 잘 모르겠어요. 대체 뭐죠!? 이런 록커도 있는 거겠죠?

아주 가끔은 사람들이 흔히 하는 "밥 한번 먹자"라는 말도 부담으로 다가올 때가 있습니다. 물론 헤어질 때 뻘쭘해서 하는 인사치레라는 건 저도 알아요. '서로 시간이 맞으면 만나서 밥을 먹어도 좋고 그게 힘들면 그래도 뭐 크게 상관없고'라는 식의, 그냥 건성으로 하는 말이란 걸 살다 보니 자연스럽게 알게 된 거죠.

그러고 보니 사람들은 대화를 시작할 때도 "밥 먹었어?" "식사하셨어요"라는 말을 하네요. 밥 먹는 거야말로 인간의 기본적인 욕구 중의 하나인데 그 본능에 충실한 순간을 누군가와 함께 나눈다는 건, 어떻게 보면 정말 소중한 순간을 함께 보내는 대단한 일이 아닐까요? 그런데 우리는 어떻게 이런 말을 그냥 쉽게 할 수 있을까요?

저는 원래 가족들과 함께 밥을 먹는 일이 익숙해서 누군가와 함께 밥 먹는 게 좋았습니다. 그런데 나이를 먹고 독립하니 혼자 밥을 먹는 것에 익숙해져야 했어요. 처음엔 너무 어색했지만 이젠 온전히 음식에 집중할 수 있는 혼밥을 꽤나 좋아합니다. 그래서인지 꼭 누군가와 같이 밥을 먹지 못해도 상관없는 것 같아요. 또 이 세상에는 혼자 먹어도 맛있는 음식이 너무 많아요.

아무튼 교수님, "밥 같이 먹자"라는 말에 숨은 사람들의 속내가 무엇일까요? 사실 정말 밥을 같이 먹고 싶어서 하는 말이 아닐 때도 많은데, 왜 이런 말을 하는 걸까요?

답답해서 찾아왔습니다

한덕현

성우 씨 말처럼 정말 대화의 시작이나 끝에, 많이 하는 말 중 하나가 '식사 하셨어요?' 혹은 '식사 한번 하시죠'가 아닐까 합니다.

우선, 밥 먹자는 말에는 인간 본능의 많은 부분이 숨어 있죠. 배를 불려서 힘을 내고자 하는 원초적 욕구는 물론, 일단 음식이 들어가서 내 입을 움직이고 뭔가를 씹고 삼키는 입의 본능을 만족시키는 면이 있지요.

이를 인간 발달 이론에서는 구강기의 만족이라고 하는데, 사람이 태어나서 가장 어린 시기에 갖는 본능이라고 합니다. 아이가 엄마 젖을 빨면서 만족하는 것이라고 보면 되죠. 그런 가장 원초적 본능이 성인기에 접어들어서도 당연히 존재합니다. 그래서 사람들은 타인과의 만남에서 상대방의 가장 기본적 욕구를 만족시키고자 합니다. 내가 이 사람과의 만남이 만족으로 끝날지 싸움으로 끝날지 모르는 상황에서 일단 원초적 욕구라도 만족시켜놓으면 최소 기본은 하고 있다는 생각이 들겠죠. 그래서 식사 제안은 상대방의 경계를 늦추고, 나의 감정을 어필하겠다는 전조 신호라고 볼 수 있습니다. 이런 식사 제안 같은 방법은 대인관계에서 나를 편안하게 만들 수 있어요.

그런데 코로나 팬데믹 시대에는 식사 약속을 잡기가 어려웠죠. 특히 모르는 사람과 처음 만나거나, 오랜만에 만나는 사람과 약속을 잡을 때는 더욱 그랬습니다. 만나면 바로 본론으로 들어가고, 팬데믹 이전 시기보다 훨씬 짧게 끝났죠. 원초적 욕구 만족의 기본 점수 없이 바로 본 경기에 들어가 상대방으로부터 점수를 획득해야 하는, 조금은 삭막한 관계를 시작하고 유지해야 했습니다.

마스크, 가림막 등 사람과 사람 사이를 막고 보호하는 장비들은 늘어나고, 거리를 좁힐 방법들은 줄어들었어요.

그런 가운데 온라인 만남이 늘어났습니다. 온라인에서 이루어지는 인간관계는 사소한 오해로도 가벼운 다

툼이 쉽게 생길 수 있죠. 그럴 때 우리는 상대방을 탓하고 또 이해하고, 나는 무죄 혹은 조금 잘못 등의 주관적 혹은 객관적인 판단을 하며 자기의 원망과 미움을 해결하게 됩니다. 하지만 이것이 잘 안 될 때, 즉 모든 잘못과 원망이 외부에서 해결이 안 되고 나에게로 향할 때, 우리는 현실 이상으로 우리 자신을 나쁜 사람으로 만들어 우울해지는 것입니다.

아무튼 이렇게 오프라인 만남이 줄어든 때, 관계를 지속할 수 있다면 대인관계의 기술이 크게 늘어나지 않을까요?

대인관계를 어려워하는 환자들과 집단 상담 치료를 할 때, 저는 가끔 환자들과 제 사이에 있는 테이블을 치워봅니다. 그러면 환자들이 상당히 부담스러워 하죠. 원래 집단 상담을 할 때, 환자들은 테이블 위에 손을 놓거나, 종이로 뭔가를 쓰면서 치료자 혹은 서로 간의 어색함을 달래거든요. 그런데 집단 상담이 진행되면서 대인관계의 기술이 향상되어가고 있을 때, 이렇게 테이블을 없애면 환자들은 치료 시간에도 서로 간의 대화를 어색해합니다.

테이블이 사람들 사이의 거리를 일정하게 유지시켜주기 때문입니다. 1미터도 안 되는 너비지만, 눈에 보이는 거리가 구체적으로 존재하기 때문에 사람들은 최소 그만큼은 다른 사람과 거리를 두고 있다는 안정감을 갖게 되는 것이죠. 그래서 대인관계의 기술이 정말 좋아진 사람들은 이 눈에 보이는 거리를 없애도 불안감 없이 이 기술을 그대로 발휘할 수 있습니다.

그런데 성우 씨, 록커는 사람 관계에 별로 신경 쓰지 않는 대범한 사람이어야만 할까요? 제가 좋아하는 퀸의 프레디 머큐리만 보더라도 (비록 영화와 인터넷 소개로만 봤지만) 그렇지는 않은 것 같아요. 오히려 인간관계에 더 민감하고 어떤 때는 더 미숙하고 조심스러워 하는 것 같아 보이더라고요. 록커는 '대인관계에 대범해야 한다' '다른 사람의 눈치를 보지 않고 감정을 여과 없이 폭발시켜야 한다'는 것은 잘못된 선입견인 것 같습니다. 오히려 감정을 노래하고, 감정의 표현을 폭발시켜야 하는 직업이라 본인이든 다른 사람의 감정이든 더 세심하게 살펴야 할 수도 있을 것 같습니다.

이쯤에서 대인관계의 완벽성에 대해서도 이야기해볼까 합니다. 직업과 신분에 상관없이 대인관계를 좋아하면서도 어려워하는 사람들이 있습니다. 무슨 일이든 간에 보통 좋아하는 일이라면 즐겁고 쉬워야 하는데, 이 사람들은 대인관계를 좋아하면서도 어려워하죠.

그 이유는 대인관계에서, 자기와 상대하는 사람을 항상 기분 좋게 해야만 하고, 기분 나쁘게 하거나 불편하게 하면 자기가 큰 잘못을 하고 있다는 생각을 갖기 때문입니다. 심지어는 상대방을 기분 좋게 하지 못하면 그것은 곧 상대방을 기분 나쁘게 만든 것이라고까지 생각해버리기도 하죠.

이런 사람들은 여럿이 모여 있을 때 1분의 침묵도 견디기 힘들어합니다. '내가 사람들 모아놓고 이렇게 어색하게 만들어버리는 것은 다른 사람에 대한 예의가 아니다. 그러니까 무슨 말을 하든 어떤 행동으로든, 이 침묵을 깨야만 한다'라고 생각합니다. 또 상대방을 만날 때는 '어떤 음식을 좋아할까, 혹시 어떤 음식에 알레르기 반응이 있는 것은 아닐까? 만나는 장소의 분위기가 너무 시끄럽지는 않을까?' 생각하죠. 그래서 사람을 만나고 나면 힘들어요. 시간, 장소, 기호, 음식 하나하나에 신경을 써야 하니까요. 3명을 만나면 3명만큼 힘들고 10명을 만나면 10명만큼 힘든 것이죠.

그래서 정작 상대방과 감정이나 생각의 교류를 하고 싶어도 그 외의 것에 신경을 쓰다 보니, 시간도 없고 에너지도 부족하여 교감을 나누지 못하게 됩니다. 침묵을 깨기위해 준비한 의미 없는 이야기로 대화가 흐르기도 하고, 심혈을 기울여 잡아놓은 장소나 음식에 대한 반응이 신경 쓰여 대화에 집중하지 못하고, 계속 걱정만 하며 시간을 보내죠.

대인관계는 말 그대로, 사람과 사람과의 관계입니다.

내가 혼자 생각하고 예상하는 대로 흘러가기 어려운 것이 당연합니다. 대인관계를 편하게 즐기기 위한 첫 번째 방법은 내가 말하고 싶은 것을 꺼내놓고, 상대방의 반응을 관찰하는 것입니다. 두 번째로 상대방의 반응을 관찰할 때, 도덕적 판단을 필수로 하지 말아야 합니다. 우리는 늘 내가 던진 자극에 상대방이 반응하면, 습관적으로 잘했다 못했다 같은 도덕적 판단을 합니다. 그리고 그 도덕적 판단에 따라 대인관계의 가치를 매깁니다.

하지만 우리 일상의 대인관계는 그런 도덕적 판단을 위한 관계가 아니라, 감정의 교류를 위한 관계입니다. 내가 느낀 감정이 옳다 그르다의 기준이 될 수는 없습니다. 노브레인의 〈넌 내게 반했어〉를 듣고 어떤 사람은 신난다고 이야기할 수도 있고, 어떤 사람은 그냥 보통이라고 느낄 수도 있습니다. 그럼 '그렇구나' 해야 하는데, 신나지 않는다는 사람을 두고 '혹시 노브레인을 싫어하는 거 아니야? 혹시 우리 그룹을 음해하는 건 아니야?'라고 생각한다면 감정의 교류가 어렵고 관계가 힘들겠죠. 그래서 편안한 대인관계를 위한 마지막 세 번째 방법으로, 상대방의 반응을 보는 우리 자신도 그냥 놓아두자고 말하고 싶습니다. 이런 말을 덧붙이면서 말이죠. "그럴 수도 있겠네."

이
젠
술
좀

줄
여
야
지

이성우

슬프거나 마음 울적할 때 친구가 되어주고 기분 좋을 때 더 기분 좋게 만들어주는 그것! 우리를 바보로 만들기도 하고 천하를 호령하는 왕처럼 만들기도 하는 그것은 바로 술!!!

회나 삼겹살과도 잘 어울리고 주머니 사정이 좋지 않아도 즐길 수 있는 소주, 안주 없이도 시원하게 벌컥벌컥 들이킬 수 있는 쌉쌀한 맛의 맥주, 한잔 마시면 왠지 나도 모를 내 님을 찾아야 할 것 같은 달콤하고 시큼한 막걸리, 숙성 방식에 따라 다양한 풍미를 즐길 수 있는 독하지만 향긋한 위스키….

적당히 마시면 기분 좋지만, 사람이 어떻게 매번 그럴 수 있나요. 마시다 보면 가슴속 응어리들이 터져 나오면서 과한 말을 하기도 하고 흥이 터져 나와서 통제 불가능한 상황이 연출되기도 하죠. 다음 날 숙취로 하루를 날리고 밀려오는 자괴감에 "내가 다시 술을 마시면 개다 개"라며 굳은 다짐을 하지만 뭐 사람이 그렇게 되나요. 인간은 같은 실수를 반복하고 또 반복하죠.

저는 술만 마시면 흐트러지는 제 모습이 싫어 20대 후반에서 30대 초반까지는 일부러 차를 마시며 술을 멀리한 적도 있어요. 그러다 우연히 위스키를 접하고 술의 향을 알면서 이젠 즐기는 쪽이 되어버렸습니다. 전 위스키의 향을 엄청나게 좋아하는데요. 취하고 싶어서 술을 마실 때도 있지만 위스키의 향을 즐기고 싶어서 한잔할 때도 있어요.

문제는 이젠 술 좀 줄여야지 하면서도 그게 쉽지 않다는 겁니다. 일단 밤에 사람을 만나면 술을 마셔야 한다는 불문율 같은 게 있잖아요. 짠 하며 다 같이 마시는 걸 좋아하는 사람들 사이에서 분위기를 맞추려면 술잔을 받지 않는 것도 힘든 일이죠. 그렇게 한 잔 두 잔 마시다 보면 나중에는 제가 술을 마시는 건지 술이 저를 마시는 건지, 참….

선생님, 저도 그렇지만 많은 사람이 술을 즐기면서 살고 있는데요. 궁금합니다, 의사 입장에서 선생님은 술에 대해 어떻게 생각하시나요? 그리고 주량이 어떻게 되세요?

억제 풀림에 대하여

한덕현

술은 잔치와 축하에 빠질 수 없는 음식이죠. 고대 인류와 역사를 같이한다는 설도 있고, 그리스 신화에서는 이를 관장하는 신 디오니소스가 있을 정도입니다. 또한 일할 때 힘든 것을 잊게 하고, 서로의 협동심과 의협심을 끌어내 능률을 올리는 데 이만한 것도 없음을 인정하지 않을 수 없죠.

하지만 과하면, 의존성을 일으키고 인체에는 독성을 발휘하게 되어 간, 위, 장, 뇌 등의 장기들에 치명적인 손상을 일으킵니다. 이렇게까지 심각하지는 않더라도 친구들과의 자리에서 분위기를 띄우기 위해 한두 잔 먹던 술이 불면을 일으키고, 체중을 증가시켜 일상생활의 고민거리가 되기도 합니다. 이런 양면성 때문에 우리는 술을 가까이하고 즐겨 마시면서도, 마시고 난 후 후회하는 일을 반복하는 것이죠.

술에 관한 여러 이야기 중에, 몇 가지 잘못된 것도 있습니다. '자기 전에 마시는 포도주 한잔은 저혈압도 예방하고 수면에도 도움이 된다'는 말입니다.

그렇지 않습니다. 잠이 안 올 때 술을 마시는 행동은 정말 위험한 행동입니다. 한 잔 두 잔이 한 병 두 병이 되고, 결국 알코올 중독에 이르는 경우가 많아요. 술은 음식이니 정신과 약물보다 훨씬 안전하고 좋지 않느냐고 반문하는 사람도 있지만, 그것도 아닙니다. 정신과 수면 약물은 술과 비슷한 기전으로 작용하지만, 약은 술이 몸에서 대사되었을 때 나오는 해로운 물질이 없고, 또 용량을 조절할 수 있기 때문에 전문의에 의해 처방된 약물은 술보다 훨씬 안전합니다.

술이 인간 행동에 미치는 메커니즘을 살펴볼까요. 그 메커니즘은 억제inhibition를 억제하는 것입니다. 우리의 뇌는 평소에 해서는 안 될 일들을 계속 억제하고 있습니다. 그런데 술을 마시면 이 억제가 억제되는 것입니다. 우리가 평소에는 꾹꾹 눌러오던 이야기를 술에 취했을 때 하는 경우가 많은데, 이것이 바로 술이 억제를 억제한다는 예입니다.

흔히 술이 깼을 때 한참 후회하고 다시는 술을 안 먹겠다고 다짐하지만, 쉽게 다시 술을 찾게 되는 이유는 술이 안 취했을 때는 또 본인의 억제된 행동에 자신 있기 때문이지요. 하지만 술이 들어가서 다시 억제를 억제해버리면 우리는 거듭 같은 실수를 반복하게 되는 것입니다.

이런 자기 피해를 반복해도 인간의 마조히스트적 성향은 또 술을 찾는 행동을 촉진시킵니다. 만약 기분이 우울하거나 화가 나 있으면 자기 파괴적 본능이 다시 술을 더욱 찾게 하는 위험도를 높이게 됩니다.

그래서 자기 파괴적인 행동 혹은 실수를 많이 하는 사람들에게 저는 '금주'를 권유합니다. 술을 조절해서 마시면 되지 않느냐, 나는 술을 매일 먹지 않으니까 괜찮다고 하시는 분도 많지만, 일단 술이 들어가면 술을 또 먹게 하는 뇌의 보상 중추가 자극되기 때문에 한번 먹기 시작한 술을 중간에 그만 먹는다는 것은 여간 힘든 일이 아닙니다. 그래서 아예 술을 한동안 멀리하는 것이 현실적인 방법이라고 이야기합니다.

술을 많이 마시는 것, 좋아하는 것, 즐기는 것, 다 비슷한 의미일 것 같지만, 사실 다른 이야기입니다. 술의 향, 맛 등을 음미하는 것은 좋아하는 것이고, 취하고 정신 없어지는 과정을 경험하기 위해 몸에 들이붓는 것은 많이 마시는 것이고, 몸 관리나 취향, 결과 등을 고려하여 술을 마시는 것은 즐기는 것이라 할 수 있겠죠.

성우 씨의 질문에 답하자면, 제 주량은 두 잔 정도입니다. 주량을 이야기하면 모두 저를 비웃어요. 보기보다 주량이 적기 때문이죠. 상대적으로 안주만 많이 먹는, 술자리에서 사람들이 가장 싫어하는 스타일이죠. 그래서 그 단점을 극복하려고 실없는 말을 많이 합니다. 저는 술을 많이 마시지 못하고, 좋아할 만한 특별한 미각을 가지고 있지도 못하지만 나름 즐기려고 노력하는 편입니다.

우울한 친구에게 필요했던 것

이성우

요즘 주변을 보면 마음 편한 사람이 없는 것 같아요.

얼마 전 친구에게 연락이 왔습니다. 자신은 우울과 불안, 무기력으로 더 이상 무언가를 해낼 만한 열정도 자신감도 없는 상태라고 했습니다.

물론 선생님 같은 유능한 의사분을 만나서 상담을 받으면 좋겠지만 이 친구는 아직 병원에 가는 게 너무 부담스럽다고 해요. 그냥 자기와 같은 일을 하지 않는 사람에게 털어놓고 싶다며 제게 커피라도 한잔하자고 하여 동네에서 만났습니다. 커피를 그렇게도 좋아하던 애가 요즘

답답해서 찾아왔습니다

잠도 안 온다며 디카페인 커피를 주문하는 걸 보고 정말 괴롭긴 괴로운 상태구나 하는 생각이 들었어요.

그 누구보다도 자신감이 넘치던 친구라서 그랬을까요? 디카페인 커피를 한 모금 하고선 이 친구가 하는 이야기는 이랬습니다. 회사에서 새로운 프로젝트를 시작해 너무 정신이 없는 와중에 꾸역꾸역 일을 하고는 있는데 어느 순간 무엇 때문에 이렇게 살아야 하는지 모르겠더래요. 이 일을 끝까지 해낼 수 있을지도 모르겠다고 했습니다. 자신감이 아주 바닥을 친 거 같았어요.

그래서 혹시 팀원들에게 지금 상황을 이야기했냐고 물어봤더니 '어떻게 그런 이야기를 할 수 있냐, 자기는 절대 그럴 수 없다'고 말하더군요. 아니 왜 그러냐고 했더니, 후배들 앞에서 그런 말을 한다는 게 창피하기도 하고 민폐 같기도 하고 자기를 믿고 따라와주는 사람들의 등에 칼을 꽂는 것 같다는 거예요. 세상에. 그래서 제가 말했죠.

"아마 이미 네 팀원들은 정상적이지 않은 네 모습을 캐치했을 거야. 네가 가장 연장자이고 팀을 끌어가는 사람이라도 솔직하게 이야기하면 네 이야기를 들어주지 않을 사람은 없어. 아무리 널 싫어하고 증오하는 사람이라도 그래도 사람이면, 네가 용감하고 솔직하게 힘들다고 얘기하면 안아주지 않을 사람은 없다니까. 원래 아픔을 인정하는 거, 거기서부터 치료가 시작된대."

네 맞습니다, 선생님. 마지막 말은 선생님께서 제게 해주신 명언이죠. 친구는 고개를 푹 숙인 채로 "그래. 네 말이 맞아. 나 겁쟁이네"라며 한숨을 짧게 내쉬더라고요.

며칠 후에 그 친구로부터 전화가 걸려 왔어요. 팀원들에게 솔직하게 고백했다고 했습니다. 지금 본인이 우울하고 자신감도 많이 떨어진 상태라 예전만큼 일을 못 해낼 수 있다고 말입니다. 그랬더니 팀원들은 오히려 '왜 이제야 이야기하냐'며 '안 되면 안 되는 대로 하면 된다, 뭘 그렇게 마음고생을 했냐, 우리는 한 팀이 아니냐'며 나이도 제일 많은 친구를 안아주더랍니다. 역시! 친구는 제게 이번 일로 사람은 힘들면 힘들다고 말할 수 있는 용기가 필요하다는 걸 확실하게 알았다 했습니다.

저는 그럼 용기 내는 김에 더 용기 내어서 한덕현 선생님께 상담이나 받아보라고 했는데, 일단 팀원들이 힐링해주었으니 괜찮다고, 혹시 다시 나빠지면 그때는 꼭 찾아가보겠다며 웃으며 전화를 끊었네요. 사실 앞으로도 그 친구가 선생님을 뵐 날이 없으면 좋겠습니다.

일단 이야기를 꺼내보세요

한덕현

아마도 성우 씨의 친구분은 번아웃증후군이 아닐까 싶네요. 번아웃증후군이란 직업과 관련된 만성적 스트레스가 제대로 관리되지 않을 때 발생됩니다.

세계보건기구WHO가 정의한 바에 따르면, 에너지가 고갈되고 지쳐가는 느낌, 자신의 직업으로부터 흥미가 떨어지고 자꾸 부정적인 생각이 늘어나며 직업 수행의 효율성이 떨어지는 현상을 말합니다. WHO의 질병 분류 기준인 ICD-11에 포함되어 있기는 하지만, 의학적으로는 아직 질병으로 분류되어 있지 않습니다.

번아웃증후군을 해결하려면 자신을 힘들게 하는 것이 무엇인지 정리하는 것에서 시작해야 합니다. 그런 다음 다른 사람과 함께 고민해보는 것이 좋습니다. 내가 힘든 것을 누군가에게 이야기하려면, 내 생각이 정리가 되어야 합니다. 내가 이런 것이 힘들고, 저런 것이 힘들다고 말을 하는 순간 이미 내 머릿속에는 어떤 것이 힘들고 또 힘들어서 어떤 결과를 가지고 왔고, 그래서 이만큼 괴롭다는 이야기를 할 정도로 정리가 되어간다는 것이죠.

사실 우울증이나 불안증을 겪을 때 가장 힘든 것은 내가 무엇을 힘들어하고, 무엇 때문에 스트레스받고, 무엇을 무서워하는지 모르는 것입니다. 그래서 친한 사람이든 모르는 사람이든 전문가이든 상관없이 누군가에게 이야기를 꺼내는 것이 상당히 중요합니다.

하지만 다급한 마음에 가까운 사람 혹은 친하다고 느끼는 사람에게 이야기를 했다가 위로는커녕 아픔과 상처를 되돌려 받은 경우도 많습니다. 반대로 듣는 사람 입장에서는 기껏 이야기를 들어주었더니, '너는 내 마음을 모른다' '그런 식으로 위로하면 어떻게 하나' '너는 정말 눈치가 없다'는 등의 비난을 받는 억울한 상황도 발생하죠.

사실 이렇게 번아웃에 빠진 사람들의 이야기를 듣는 것도 힘들 때가 있죠. 그 이유는 내가 그 사람에게 무엇인가를 해주어야 한다고 생각하기 때문입니다. 그런데 정

답답해서 찾아왔습니다

작 말하는 사람은 듣는 사람에게 뭔가를 바라고 말하는 게 아닙니다. 그저 내가 이만큼 힘드니 나의 힘듦을 '환기 ventilation'라도 해야겠다는 심정으로 이야기하는 것입니다.

실제로 듣고 있는 내가 그 사람에게 해줄 것은 없습니다. 그 사람의 일을 대신 해줄 수도 없고, 대인관계를 대신 해결해줄 수도 없습니다. 뭐라도 해줘야 할 거 같은데, 안 되니까 괜히 내가 미안해지고 그러니까 듣기 싫어지는 것이죠.

다시 말하지만 그저 들어주는 것만으로도 번아웃인 사람에게는 도움이 될 수 있습니다. 괜히 어쭙잖은 해결책을 제시하는 것보다 더 좋은 방법입니다.

그리고 상대의 이야기를 다 듣고 나면, 충고가 아닌 그냥 나의 생각을 이야기하는 것이 좋습니다. 충고는 상대의 행동이나 생각을 바꾸려는 의도가 들어가기 때문이죠. 그냥 내 느낌, 내 생각을 짧게 이야기하면 됩니다.

이를테면 '넌 정말 많은 일을 하고 있구나. 그러니 지칠 것 같다' 여기까지가 나의 생각이고, '넌 정말 많은 일을 하고 있구나. 지칠 것 같다. 그러니 이제 그 일을 그만두고 다른 일을 찾아' 이건 충고입니다. 1절만 하는 것이 번아웃이 온 친구에게는 위로와 도움이 되는 방식이라는 것을 잊지 말아야 합니다.

요즘 주변을 보면
마음 편한 사람이 없는 것 같아요.

그저 들어주는 것만으로도
도움이 될 수 있습니다.

짜장국수와
소고기뭇국의
추억

이성우

저는 밥을 직접 해 먹는 편입니다. 요리하는 걸 좋아하거든요. 요리는 많은 취미 중 그 어떤 것보다 확실하게 사람들을 만족시켜줄 수 있는 취미라고 생각해요. 직접 한 요리로 나와 타인의 배고픔을 해결해주는 것은 물론 미각을 만족시키면서 미소 짓게 만든다는 건 너무나도 짜릿한데, 이건 직접 느껴보지 않으면 절대 모를 겁니다.

문득 제 영혼을 따듯하게 적셔주는 음식들이 떠오릅니다. 저에겐 소울푸드 하면 떠오르는 게 너무 많습니다. 아구찜, 막장에 찍어 먹는 순대, 가포 바닷가에서 숯불에 구워 먹는 빨간 양념 바닷장어, 반달집 돼지불고기, 부림시장에 있는 잡채까지, 너무 많은데 그래도 딱 세 가지만 꼽아보라고 한다면 마산의 할매국수와 뚱보아지매우동 그리고 경상도식 빨간 소고깃국입니다.

사실 지금은 더 이상 먹을 수가 없어서 고른 이유가 큽니다. 할매국숫집은 마산 저희 집 바로 옆 반월시장에 있는 조그마한 국숫집이었습니다. 국숫집 이름 그대로 정말 할머니께서 국수를 끓여주십니다. 가게가 좁아서 안에 사람이 8명 정도 앉으면 만석이었죠. 성질 급한 마산 사람들이 1980년대 중반에도 줄 서서 기다렸다가 한 그릇씩 먹고 가던 집이라고 하면 말 다한 거 아니겠습니까?

제 기억에는 할아버지와 함께 운영하시다가 언젠가부터 할머니 혼자서 장사를 하셨던 것 같습니다. 메뉴는 물국수,비빔국수, 짜장국수 이렇게 딱 세 가지! 국수 면은 소면보다는 조금 굵은데 중면보다는 가늘었던 것 같습니다. 물국수는 납작한 멸치를 우려 만든 육수에 고명도 뭐 별거 없습니다. 미리 삶아놓은 국수를 육수에 데쳐서 그릇에 담으시곤 멸치육수를 붓고 소량의 참기름에 버무린 배추 나물에 고춧가루와 깨소금을 뿌린 게 다였습니다. (근데 왜 지금도 침이…) 비빔국수는 달지 않고 자극적이지도 않아서 국수를 씹어 넘길 때 담백한 맛이 일품이었고, 짜장국수는 그냥 짜장을 물에 풀어 양파와 감자 그리고 돼지 살코기가 아닌 비계를 넣고 끓인 짜장을 국수에 얹은 거였어요. 설탕이 들어가지 않아서 담백한데다 짜장을 머금은 감자의 짭조름한 맛은 기가 막혔습니다. 거기다 반찬으로 나오던 깍두기는 또 왜 그렇게 맛있던지요.

마산에 내려가면 그 가게를 찾는 게 서울에서 지친 저의 영혼을 씻는 의식과 같은 일이었다고나 할까요. 그런데 이젠 추억 속의 국숫집이 되어버렸네요.

저의 두 번째 소울푸드는 우동입니다. 어릴 적에 집 맞은편 버스정류장 근처에 풍채 좋으신 부부가 저녁에만 장사하던 우동집이 있었습니다. 제대로 된 가게라기보다 포장마차 같아서 긴 나무 의자에 앉거나 서서 먹어야 했습니다. 메뉴는 우동과 김밥 이렇게 달랑 두 개였어요. 출출한 밤이면 엄마나 아빠를 졸라서 먹으러 갔죠.

반 삶아져서 나오는 우동면을 뜨거운 멸치육수에 담가 면을 마저 데치고 거기에 미리 썰어둔 유부와 쑥갓을 넣고 고춧가루까지 뿌려주면 순식간에 우동이 나왔습니다. 따뜻한 국물이 있으니 김밥도 한 줄 같이 먹으면 그렇게 행복했네요.

마지막 저의 소울푸드는 경상도식 소고기뭇국입니다. 선생님, 전 서울에서 하얀 소고기뭇국을 처음 보고 충격을 받았습니다. 경상도에서 소고기뭇국은 무조건 고춧가루를 넣은 빨간 국물이었기 때문이죠. 20대 초반에 그 하얀 소고기뭇국을 먹고선 맛은 있었지만 좀처럼 적응이 어려웠습니다. 그래서 소울푸드로 소고기뭇국을 말할 땐 꼭 경상도식임을 강조합니다.

경상도식 소고기뭇국은 무엇보다 콩나물을 넣어 시원한 맛을 더 끌어내고 마지막에 고추기름을 넣어 풍미를 더해줍니다. 정말 이만한 밥도둑이 따로 없습니다. 밥을 너무 훔쳐서 이건 무기징역감입니다! 엄마가 소고기뭇국 끓여주는 날이면 밥 두 그릇은 무조건이었죠.

소울푸드 이야기를 하다 보니 문득 조금 씁쓸한 생각이 듭니다. 나이를 먹으면서 정말 안타까운 것 중의 하나가 시간과 함께 나의 추억도 흘러가버린다는 사실이에요. 내가 있던 그 장소 그 사람들이 그대로 있지 않다는 걸 제가 온전히 받아들이는 거, 한두 번도 아닌데 시간도 오래 걸리고 힘들기만 합니다. 그때마다 "나 참" 소리가 절로 나옵니다.

신나서 얘기하다가 갑자기 침울해졌네요. 선생님! 왜 사람들은 어렸을 때 먹었던 음식들에 집착하게 되는 걸까요? 추억 때문일까요? 아니면 진짜 맛있어서 그런 걸까요?

선생님의 소울푸드는 무엇이고 그에 얽힌 추억은 뭐가 있을까요? 참, 선생님은 요리 좋아하세요?

던킨도넛과 커피의 추억

한덕현

흔히 소울푸드는 오래된 자신의 경험이나 감성을 떠올리게 만드는 음식을 말합니다. 뇌과학적으로 말하자면 '맛'이라는 자극이 뇌의 원초적이고 깊은 부위의 변연계를 활성화시키는 것이죠. 이 변연계는 우리의 감정을 담당합니다. 어렸을 때 가지고 놀던 장난감을 보면 어릴 때 추억이 떠오르죠? 이때 활성화되는 부위입니다.

이렇듯 소울푸드는 우리의 추억, 경험, 기억을 담당하는 대뇌피질과 감정을 담당하는 변연계가 만나는 것이니, 어찌 보면 정말 솔직한 감정을 느끼고 있는 것이죠. 소울푸드를 만나면 기분이 좋아지고, 추억의 감정을 고스란히 재경험할 수 있게 되는 것은 이 때문입니다.

그래서 이 소울푸드는 사람마다 달라요. 다른 사람은 이해하기 어려운 음식이 될 때도 있죠. 한겨울에 먹는 팥빙수가 소울푸드인 사람도 있고, 대기업 회장님의 소울푸드가 값비싼 음식이 아닌 호박죽 한 그릇이 될 수도 있는 거죠. 이 소울푸드가 일치하는 친구나 연인은 생각과 감정, 경험을 공유하기 쉽습니다.

저의 소울푸드라…. 저는 12월의 추운 저녁에 눈이 내리면 병원 지하에 있는 던킨도넛에 가서 보스턴크림도넛과 커피를 먹습니다. 평소에는 높은 칼로리 때문에 입맛만 다시고 지나가는 일이 많은데 12월 밤에 눈이 내리고 있으면 자동적으로 찾게 됩니다.

그 이유는 추운 겨울, 저의 스포츠 정신의학 스승님이신 레오나르도 자이조프스키 교수님을 만나기 위해 무작정 찾은 보스턴대학 근처, 잠깐의 추위를 녹이기 위해 들어간 던킨도넛에서 먹었던 그 맛을 아직도 잊지 못하기 때문입니다. 지금도 보스턴크림도넛과 커피를 먹으면 뽀빠이가 시금치를 먹고 알통이 생기듯(뽀빠이 얘기하면 옛날 사람이라고 하던데…) 제 몸에는 없던 의욕이 불끈불끈 솟아오르는 느낌입니다. 마치 초심으로 돌아간다고나 할까요.

제가 정신과 전문의를 마치고 이제 스포츠 정신의학

을 본격적으로 시작하려고 했을 때였습니다. 이곳저곳 문의해봤더니, 한국에서는 체계적으로 배움을 받기에 아직 이른 것 같았어요. 마침 보스턴의 하버드 의대에서 뇌 연구를 하기로 했으니, 미국에서 스포츠 정신의학도 같이 배우면 되겠다고 생각했습니다.

그런데 하버드 의대 입장에서는 미국에 온 지 얼마 되지도 않은 (영어도 잘 못하는) 정신과 의사 하나가, 스포츠 정신의학을 가르쳐달라고 여기저기 쑤시고 다니니, 감당하기 쉽지 않았을 거예요. 자기 일만 하기에도 너무 바빠서 다른 사람의 일까지 신경 쓸 겨를이 없었거든요. 하버드 사람들은 저를 보스턴대학의 레오나르도 자이조프스키 교수에게 보냈습니다. 너를 감당할 사람은 그분밖에 없다는 충고와 함께 말이죠.

레오나르도 자이조프스키 교수님도 당연히 많이 바쁘시고, 저처럼 교수님께 배우고 싶다는 요청을 한 사람도 많았겠죠. 제가 이메일을 3번이나 보냈는데도 답이 없었어요. 그래서 할 수 없이 매일 밤 교수님 연구실이 있는 건물 앞에서 기다렸죠. 그 추운 밤에 출출한 배도 채워주고 따뜻한 온기를 느끼게 해준 것이 바로 커피와 도넛이었습니다.

그렇게 무작정 기다리던 12월 초 어느 날, 하늘에서 살살 눈이 내리던 저녁 7시쯤, 사진으로만 보았던 머리가 희끔한 자이조프스키 교수님이 저쪽에서 걸어오시더라고요. 저는 얼른 먹던 도넛과 커피를 입에 욱여넣고, 교수님께 달려가 반갑게 인사드렸습니다. 그렇게 인연이 시작되어 스포츠 정신의학을 체계적으로 배울 수 있었죠. 그래서 저는 그때 먹은 보스턴크림도넛과 커피의 맛을 잊지 못합니다.

참, 성우 씨만큼은 아니지만 저도 잘하는 요리가 하나 있습니다. 바로 바닷가재 요리입니다. 특히 바닷가재를 다 먹고 남은 머리와 얇은 다리를 가지고 국물을 우려낸 다음, 약간의 우유와 라면 수프를 넣어 끓인 라면은 정말 먹어본 사람들은 감동을 금치 못하더군요.

저는 해외 학회 일정이 있을 때면, 동료나 제자들을 위해 그 나라 수산물 시장을 방문해 바닷가재나 게 등의 수산물을 사서 요리합니다. 제자들 입장에서야 제가 한 요리를 맛없다고 할 수 없겠지만, 그래도 곁들인 술이 얼큰하게 돌아도 여전히 맛있게 먹는 걸 보면, 진짜 맛있어 한다는 걸 알 수 있습니다.

이렇게 한번 제 바닷가재 요리와 라면을 같이 먹은 제자들은 나중에 다른 학회에 가도 수산물 시장에 가서 바닷가재를 사 온 뒤 숙소에 그저 앉아 있습니다. 지도교수인 제가 가재를 잡건 라면을 끓이건 신경 쓰지 않고 말이죠. 젓가락 들고 가만히 기다리다 먹는데, 그 모습을 보는 저는 참 기분이 좋습니다. 제가 음식을 하고 제자들이 그걸 먹으면서 그렇게 우리는 친해지죠.

성우 씨는 음악만큼이나 음식을 좋아하시는 것 같습니다. 또 중요하게 생각하는 것 같습니다. 저와의 첫 만남 때도 음식의 장르부터 식당, 메뉴까지 세심하게 고르신 걸 봤을 때, 사람과의 관계도 이렇게 세심하게 신경 쓰시면서 살겠다 생각했거든요. 아마도 성우 씨의 이런 세심함은 음악이든 음식이든 사람의 감성을 다루고 삶의 경험을 공유하는 데서 기인하는 것이 아닐까요.

이성우

역시 사람은 이래서 배워야 하나 봅니다. 변연계라는 단어 처음 들었습니다. 역시 선생님도 먹는 걸 좋아하시는군요. 도넛에 커피 크으…. 그렇죠, 소울푸드는 가격이 중요한 게 아니죠. 그때 그 추억이 중요하기 때문에 금액 따위는 상관없는 거 같습니다. 오히려 가격의 문턱이 낮은 음식일수록 소울푸드가 될 가능성이 더 높은 것 같기도 해요.

그리고 전 제가 세심하지 않은 사람인 줄 알았는데 다

른 사람들을 잘 관찰해본 결과 제가 꽤나 세심한 사람이
란 결론이 섰습니다.

친구들과 만날 때 이 친구와 저 친구의 성향 같은 것까
지 생각하며 모임을 만드는 거 보면 저의 외모와는 전혀
어울리지 않는 세심한 성향인 거 같네요.

아…. 지금 기차 타고 마산 고향집에 가는 길인데 아
까 서울역에서 보았던 도넛 사 올 걸 그랬나 봅니다. 어디
가지도 못하고 갇혀 있는 지금 하필이면 이 글을 볼 줄이
야….

꿈을 찾아

올라온 서울

이성우

저도 나이가 들고 서울에 오래 살면서 순수함을 잃은 속물이 다 된 것같이 느껴질 때가 있어요. 예컨대 눈이 와도 이젠 별 감흥이 없고 오히려 귀찮다는 생각이 듭니다. 특히 강아지 산책시킬 때 번거롭거든요. 눈뿐만 아니라 시간이 지나면서 소중하게 생각하던 것들에 싫증을 느끼거나 다 부질없다고 생각하는 저를 보면 간혹 서글퍼집니다. 아마 저만 그런 건 아닐 테지만요.

저는 고향이 마산입니다. 명절 같은 때 고향 내려가는 기차에 있노라면 시간 참 빠르다는 생각을 해요. 고등학교를 갓 졸업하고 서울 올라온 지가 30년이 다 되어가니 말입니다. 고향집에 내려오면 뭔가 타임머신을 타고 과거로 돌아간 것 같아요. 제가 어렸을 때부터 다녔던 유치원도, (라떼는) 국민학교도 모든 게 그대로 있어요. 즐겨 다녔던 커피숍이나 음식점, 당시 유행했던 가게들은 사라져 공원이 생기거나 다른 가게로 바뀌었지만 어지간한 가게들이나 장소들은 그대로입니다.

제가 어른이 되어서 그럴까요? 어렸을 땐 학교가 엄청나게 커 보였는데 지금은 학교가 엄청 작게 느껴져요. 철봉도 농구 골대도 다 하나같이 낮고 운동장도 작게만 보입니다. 허허 참. 한번 피식 웃고 학교를 지나 반월시장 쪽으로 걸음을 옮깁니다.

어렸을 때는 발 디딜 틈도 없을 정도로 시끌벅적하던 반월시장도 예전 같지 않아요. '저 가게에서 어묵 사서 동생이랑 같이 떡볶이 해 먹고 우동도 끓여 먹었는데' '저기 아줌마 가게에서 순대 사서 먹고 저기 정육점엔 꾀돌이 친구가 살았더랬지' '저기 한의원에 공부 잘하던 모두의 엄친아는 잘 지내려나?' 시장을 걸으면 이런 생각을 매번 똑같이 하게 됩니다. 그나마 운동회 끝나고 고기 구워 먹었던 반달집의 여전한 고기 냄새가 다 꺼져가는 장작에 불씨 같네요.

이렇게 동네를 한 바퀴 걷다 보면 우리 노래 〈마산스트리트〉가 자연스레 나옵니다. "내가 태어난 그곳 마산스트리트, 바닷바람 거친 항구의 도시. 특별한 것도 정 갈 만한 구석 없어도 난 그곳을 사랑하네."

제 나이 마흔일곱이나 먹었지만, 여전히 엄마한테는 애처럼 적당히 어리광 부릴 수 있는 고향. 그런데 아무리 사랑하는 고향이라지만, 고향에서의 시간에도 한계가 있습니다. 엄마가 결혼도 안 하고 혼자 개만 데리고 살면서 고생이나 한다고 짜증 한 바가지 내면 이제 슬슬 서울로 돌아갈 시간이 온 겁니다.

엄마는 나이가 들면서 자식들에게 관심이 더 많아졌습니다. 특히나 멀리 떨어져 살아 자주 보지 못하니 저를 서울로 보내는 건 언제나 아쉬운가 봅니다. 안 그래도 되는데 기차 타는 거까지 보고 걸음을 옮기신다니까요. 마음이 뭉클해지려는 찰나 기차가 출발하기도 전에 전화를 해서 도착하면 꼭 전화하라고 신신당부하십니다. "알겠다, 알겠다" 하고 전화를 끊었는데 또 전화해서 기차가 출발했냐고 물어보세요.

남쪽 제 고향보다 차가운 공기가 느껴지고 수없이 반짝거리는 간판이 보이면, 서울에 도착한 걸 실감하게 됩니다. 저만 그럴 수도 있는데, 원래 서울이 고향이 아닌 사람들은 서울역에 내리는 순간 자기도 모르게 기합이 들어갑니다. 고향에서 느슨해졌던 긴장의 끈을 다시 꽉 조이고 방전되었던 에너지를 급속도로 충전하는 거죠. (안 그래도 되는데.)

거기다 명절 연휴 끝에 서울역에서 택시 잡는 건 거의 지옥이에요. 늦지 않은 시간이면 지하철을 타고 가면 되지만 새벽 시간이거나 짐이 많아서 움직이기 힘들 때는 정말 골치 아픕니다. 그래도 저야 우리 멍멍이 둘 데리고 다녀오는 거지만 결혼하고 가정을 이룬 사람들이 움직이는 걸 보면, 대단하다 싶어요.

서울은 바쁩니다. 마산은 사람 성질이 급한데 서울은 도시 전체가 바쁩니다. 지하철도 정신없고 차들도 많고 사람들도 쌩쌩 제 갈 길을 향해 질주하기만 합니다. 서울에 사는 사람 중에 서울이 고향이고 여기서 자란 사람은 과연 얼마나 될지 저는 항상 궁금해요.

자기 자신의 꿈을 이루기 위하여 전국 각지에서 꾸역꾸역 올라온 사람 중에 얼마나 많은 사람이 원하는 바를 이루어냈을까요? 가족들과 고향을 떠나올 정도로 간절히 원했던 것은 무엇일까요? 향수병이 찾아오진 않을까요? 향수병은 어떻게 극복할까요? 향수병이 없는 사람도 있을까요? … 외롭지는 않을까요?

저는 서울에서 나만의 집이란 게 생기고 요리를 할 수 있는 공간이 마련된 순간부터 파스타, 돈까스덮밥, 소고

기덮밥, 햄버거스테이크, 명란파스타, 김치찌개, 짜장국수 등등, 한식, 일식, 양식, 중식 가리지 않고 이것저것 만들었습니다. 처음 상경했을 때 돈이 별로 없었는데 봉골레 파스타 같은 걸 집에서 해 먹으니 친구들도 좋아하고 무엇보다도 양껏 먹을 수 있었어요. 그러면서 요리를 더 잘하고 싶다는 생각이 들더라고요.

생각해보면 요리를 잘하고 싶다는 마음이 들었던 이유가 따로 있어요. 아마 어렸을 때 할아버지, 할머니, 삼촌, 고모, 아빠, 엄마, 동생 이렇게 대가족이 다 같이 함께 밥을 먹었던 그때가 그리워서인지도 모르겠습니다. 그땐 참별거 아닌 것도 그렇게 맛있었어요. 동생이랑 서로 맛있는 거 많이 먹겠다고 싸우고 그것 때문에 엄마한테 혼나고….

요리를 하고 친구들과 나누어 먹기를 즐기는 건 그때 느꼈던 북적거림과 동질감 그리고 따뜻함, 아마 이런 것들이 그립기 때문 아닐까요? 이젠 돌아가고 싶어도 돌아갈 수 없는 그때를 생각하며 친구들에게 맛있는 요리를 해주는 일에 집착하는 걸지도 모르겠네요.

덕현 선생님은 서울이 고향이죠? 외국에서 공부하실 때 향수병 같은 건 없으셨어요? 그리고 고향을 그리워하는 인간의 마음을 분석한다면 어떤 걸까요?

강박적 바쁨을 잊게 해주는 고향

한덕현

저는 서울에서 태어나서 소위 고향이라는 곳이 없습니다. 아니 서울이 고향입니다. 그런데 제 인생 처음으로 3년 꼬박 서울을 떠나 있었던 적이 있죠. 바로 공중보건의 시절입니다. 저는 강원도 춘천에서 복무했는데, 근무지가 병원이었기 때문에 환자를 보고 남는 시간은 평소 좋아하던 운동을 정말 열심히 했습니다. 마치 운동선수처럼 죽기 살기로 말이죠.

아침 5시에 기상해서 골프 연습장 가서 연습하고, 출근해서 오전 진료를 보고, 점심시간에 한 시간 병원 직원

답답해서 찾아왔습니다

들과 농구 시합하고, 저녁 퇴근 후엔 병원 잔디밭에서 축구 시합을 하고 하루를 끝냈습니다. 마침 같이 근무하던 선생님들도 다 운동을 좋아해서 가능한 일이었죠.

축구 시합이 끝나고 나서는 잔디밭에서 짜장면을 시켜 먹고 하루를 마감하는 것이 일과였어요. 정말 몸을 움직일 힘이 없어서 풀밭에 누워 하늘의 별을 세다 잠드는 날도 많았습니다. 나중에 공중보건의 생활이 끝날 때쯤에는 무릎과 허벅지가 안 좋아져서 의자가 없는 방바닥에는 앉을 수 없는 심한 부작용을 호소하기도 했으니 정말 말 다했죠.

그때 밤하늘 보고 별을 세면서, 운동장 옆 주차장에 세워놓은 자동차 안에서 가장 많이 들려오던 노래들이 거미의 〈친구라도 될 걸 그랬어〉, 휘성의 〈안 되나요〉 같은 노래였습니다. 노래 가사의 내용과는 전혀 안 맞는 상황이었지만 그 노래들의 멜로디가 아직도 생각이 납니다. 아마도 이때가 인생에서 제가 하고픈 것을 진짜 제 마음대로 할 수 있었던 처음이자 마지막이었던 것 같아요. 그래서 마음의 여유가 필요하거나 '하고 싶은 것을 하고 있다'는 생각을 제 자신에게 주입시킬 때면 지금도 연구실에서 가수 거미, 휘성의 노래를 듣습니다.

당시 이렇게 매일 운동을 했지만 비가 와서 운동을 못하게 되면 찾던 곳이 또 있습니다. 춘천 서면에 있던 '미스타페오'라는 카페입니다. 의암댐과 춘천댐이 만나는 곳인데요, 조각상과 조경의 아름다운 조화로 워낙 사람들이 많이 찾는 춘천의 명소예요. 비 오는 날, 유리창 밖으로 보이는 흐르는 빗물과 조경, 호수의 장면은 정말 장관이죠. 당시 젊은 의사의 펄펄 끓던 혈기를 잠재울 정도였으니까요.

원래 미스타페오는 융 심리학에서 위대한 영혼 혹은 영원한 사랑이라는 뜻으로 알려져 있다고 하는데, 저는 이 카페에 가서 처음 알았습니다. 비 오는 경치도 아름답지만, 카페 이름도 우리 정신과 의사를 끌어당기기에 좋아서, 공중보건의 생활이 끝나고 나서도 춘천에 갈 일이 있으면 한 번씩 찾던 곳입니다.

이후에 미국이나 유럽 등지에서 좋다는 카페와 멋진 광경을 많이 봤지만, 공중보건의 시절 비 오는 날 미스타페오 카페에 앉아서 빗물 사이로 보이던 호수만큼 저에게 안정감을 주는 장면은 아직 만나지 못한 것 같습니다. 이런 추억으로 저는 춘천을 저의 '지방 고향'으로 두고 있습니다.

저뿐만 아니라, 많은 사람이 '고향'이라는 단어 혹은 '살던 곳'이라는 단어를 떠올리면 자신이 가장 편하고 여유 있는 마음을 갖거나 그런 행동을 할 수 있는 곳이라 여깁니다. 고향을 그리워하는 사람의 심리를 보면 아마

바빠야 한다는 강박 관념 속에서 살고 있었던 게 아닐까요? 우리 사회는 바쁜 것을 미덕으로 여기니 말입니다. 그래서 그 강박적 바쁨을 잊게 해주고, 바쁘지 않다는 것에 대한 괜한 죄책감을 상쇄시켜줄 수 있는 '고향'이라는 단어가 참 좋고 푸근하게 느껴지는 것 아닐까요?

다시 고향 생각

이성우

고향 생각을 했더니, 할아버지 할머니와의 추억들이 떠오릅니다. 저는 종갓집의 장손입니다. 그래서인지 저희 할아버지 할머니는 저를 엄청 애지중지하셨어요. 두 분 모두한 성격 하셨다던데 저에게만큼은 예외였던 것 같아요. 제가 아무리 얄밉고 못된 짓을 해도 할아버지와 할머니는 허허 웃으시며 저를 감싸주셨어요.

할아버지는 담배를 엄청 좋아하셨어요. 하루에 몇 갑을 태우실 정도로 애연가셨는데 어린 저는 담배 냄새를 싫어하지도 않고 할아버지 곁에서 은단을 빨아 먹으면서 장난을 치곤 했죠.

제가 초등학생일 때의 일입니다. 할아버지는 제가 공부하는 모습이 궁금하셨는지 하루는 학교로 찾아오셔서는 창문 밖에서 저를 보고 계셨어요. 그 모습을 보고 애들이 웅성웅성하면서 누구냐고 그랬는데 저는 그게 부끄럽고 속이 상했나 봐요. 집에 돌아와서 책가방을 벗어 던지고선 할아버지한테 학교 오지 말라고 고래고래 소리를 질렀죠. 이런 버르장머리 없는 짓을 해도 할아버지는 "고놈 참, 목소리 크네!"라며 저를 귀엽게만 봐주셨죠.

할아버지는 나중에 암에 걸려 꽤 오랜 시간 힘들어하시다가 돌아가셨습니다. 그때 제가 열세 살이었는데, 선산에 올라가던 날, 삼베옷이 입기 싫다고 엄마에게 투정 부리다가 손으로 엉덩이 한 대 맞고선 질질 짜던 기억이 있네요.

그날따라 하늘 위에 비행기가 지나간 듯한 긴 구름길이 있었는데 어른들이 할아버지가 저 길 따라 하늘로 가신다고 말씀하시는 게 신기하게 들렸어요.

할아버지가 돌아가셨다는 것과 이젠 다시는 만나지 못한다는 사실을 별로 감지하지 못했지만, 그때가 제가 죽음과 대면한 첫 순간이었던 거 같습니다.

지금 생각해보면 아무리 어리다 하더라도 참 철이 없었던 것 같아요. 살면서 이리 치이고 저리 치이고 하다 보면 아빠에게 혼나고 있는 저를 두고 '애 기죽이지 말고 그만하라'고 하시면서 허허 웃으셨던 할아버지의 너털웃음이 참 그립네요.

할머니는 저를 업어 키우셨어요. 그냥 하는 말이 아니라, 어린 제가 공사장의 포크레인을 보는 걸 좋아한다고 할머니가 절 업고선 동네방네 공사장을 찾아다니셨대요. 저를 각별하게 대해주셔서 저 역시 할머니를 잘 따랐던 모양입니다. 엄마가 전생에 연인관계 아니었냐고 말할 정도였는데, 저는 꼭 할머니와 잤대요. 하루는 엄마가 잠든 저를 안고 엄마 방에 데리고 갔는데, 잠에서 깬 제가 할머니 옆이 아니라고 막 울어서 엄마는 '내 새끼가 맞나' 하는 생각이 들었대요.

그렇게 할머니께서 업어 키운 저도 어른이 되어서 서울로 올라오니, 할머니와 함께하는 시간이 일 년에 한 달도 안 됐던 것 같아요. 제가 해드릴 수 있는 것도 뵐 때마다 용돈을 드리거나 명절 때 같이 영화를 보러 가는 것 정도였죠. 할머니께서 극장에 가는 걸 또 무척 좋아하셨거든요. 제가 출연했던 영화 〈라디오스타〉가 한창 극장에서 상영할 때, 할머니가 "저기 나오는 저 애가 내 손자야!"라며 자랑을 하시면서 몇 번이나 보러 가셨대요.

그런데 이렇게 혼자서 극장에 찾아가실 정도로 정정하셨던 할머니께 일이 생겼어요. 집에서 씻다 넘어지셔서 크게 다치신 거죠. 요양병원에 입원하신 할머니는 상태가 점점 나빠지는 게 한눈에도 보였어요. 결국 할머니는 돌아가셨고 전 그때 할머니 곁에 있어 드리지 못했습니다. 공연 때문에 미국에 체류하고 있었거든요.

소식을 들은 날은 공연을 두 시간 앞두고 몸을 풀고 있을 때였습니다. 함께 미국에 왔던 회사 대표님이 잠시 할 말이 있다고 했죠. 사람이 없는 곳으로 데려가더니, 할머니가 돌아가셨다고요. 실은 공연을 앞두고 있으니 다 끝난 후에 말해달라고 아버지로부터 연락을 받았다고 했어요. 하필이면 제가 미국에 있을 때…. 세상이 원망스럽더라고요. '그래, 오늘 무대는 온전히 할머니를 위한 무대다. 할머니를 위해서 노래하자'며 온몸을 불태워 공연했습니다.

귀국 후 곧장 마산으로 갔지만 할머니의 장례식은 다 끝나 있는 상태였어요. 제가 할머니를 위해서 할 수 있는 건 할머니와 함께 걸었던 길을 저 혼자서 걸으며 추억하는 것밖에 없었죠. 마산 앞바다를 바라보며 담배를 한 대 물고선 연기를 쓱 하고 뱉어내니 갈매기도 울더라고요.

그래서 제가 말했습니다. "갈매기야! 어디로 날아가는지는 모르겠지만 혹시 우리 할매 만나면 마지막 눈 감는 거 못 봐서 미안하고, 내는 다음에 태어나도 우리 할매 손자 하고 싶다고 전해주라, 마산 갈매기야. 할머니하고 인생이 너무 달콤하고 행복했다고 전해도."

뭘 해도 제 편이셨던 우리 할아버지 할머니 참 많이 보고 싶습니다.

이렇게 얘기하다 보니, 어린 시절 보낸 명절도 떠오르네요. 저희 집이 종갓집이다 보니, 명절이면 흩어져 있던 친척들이 다 모여들었습니다. 당연히 음식도 엄청 많이 필요했습니다. 매번 엄마와 숙모님들이 엄청나게 고생하셨죠. 그 많은 사람 밥 해 먹이고 설거지까지 하셨으니 정말 수고 많으셨습니다.

아빠는 집안 제사를 많이 줄이셨어요. 원래 저의 고조할아버지까지 제사를 지냈는데 점점 줄이시다가 이젠 딱 할아버지 제사만 지내고 끝내자고 하셨습니다. 장손이긴 하지만 엄마가 음식 준비하는 게 훨씬 수월해진 것 같아 제 마음이 아주 편하네요.

지금 효자 코스프레 하는 건 아니지만 명절마다 엄마 고생하는 게 여간 제 마음에 걸리는 게 아니었거든요. 멀고 먼 친척들까지 챙기며 음식 준비하고 수발 드는 거 아무나 할 수 있는 게 아니잖아요. 제가 만약 우리집에 시집 왔다면 (아우 상상만으로도 끔찍하지만… 일단 좀 그렇다고 치고) 저 아마 그냥 이혼했거나 도망갔습니다! 가족 수는 또 좀 많아야죠.

그래서 외갓집 가는 엄마 표정이 훨씬 밝았던 건지도

모르겠습니다. 외갓집에 가서는 평소보다 목소리가 시원 시원한 게 분명 달라져서 아무것도 모르던 어렸을 때는 그저 신기하다고만 생각했네요. 이젠 외할아버지 외할머니도 다 돌아가시고 큰외삼촌만 외갓집에서 지내고 계십니다. 그래도 엄마에게 고향 집은 고향 집인가 봅니다.

다음 명절 땐 우리 엄마 고향에나 놀러 가야겠습니다. 우리 엄마 손경임 씨 들뜬 얼굴이 새삼 보고 싶네요.

문득 드는 생각인데 선생님, 선생님께서는 어머니가 좋으세요? 아버지가 좋으세요? 저는 아무래도 엄마가 더 좋은 것 같습니다. (아부지 죄송…)

심리적 독립의 첫걸음

한덕현

어머니 vs 아버지, 파란색 vs 빨간색, 짜장면 vs 짬뽕, 장동건 vs 정우성, 노브레인 vs 크라잉넛(아, 이건 선택이 쉬우려나요), 이처럼 둘 중 하나만을 선택해야 하는 질문은 어떤 걸 막론하고 정말 대답하기 곤란한 질문 아닐까요?

유치원도 들어가기 전, 제가 아주 어렸을 때 동네 어르신들이 길 가던 저를 보고 자주 장난치면서 하시던 말씀이 생각납니다. '너 여자냐 남자냐' '아빠가 좋냐 엄마가 좋냐'였어요.

여자냐 남자냐 물어보는 질문에는 자존심 상해 울며

답했던 기억도 있습니다. 그리고 엄마가 좋냐 아빠가 좋냐는 질문에는 "내 마음에는 10개의 마음이 있는데, 9개는 아빠가 좋다고 이야기하고 1개의 마음은 엄마가 화를 내요. 그런데 그 1개가 왕이에요"라고 답했어요. 제 딴에는 정말 오래 고민하다가 기가 막힌 답을 찾아냈다고 생각했죠. 지금 들으면 무슨 이야기인지 잘 모르겠지만, 당시에는 아버지가 조금 더 좋았나 봐요.

그런데 엄마가 좋냐 아빠가 좋냐는 질문에 우리가 망설이지 않고 너무 빨리 확실하게 답을 하는 것도 사실 슬픈 일일 수 있어요. 둘 다 좋은데, 다른 하나가 더 좋다는 의미라기보다는 하나를 좋다고 선택하면 다른 하나는 싫은 것이 되어버릴 것 같은 마음 때문이죠. 둘 다 나의 혈육이자 생명의 근원이며 조건 없는 사랑이 보장되어야 하는 존재인데, 성별이 다르고 내게 사랑을 표현하는 방법이 다르기 때문에 둘 중 누구를 선택해야 할지 고민한다면 행복한 겁니다. 하지만 한쪽이 내게 이유 없이 소리 지르고 학대하고, 혹은 사회적인 잘못을 저질렀기 때문에 고민의 여지없이 싫다면, 너무 힘든 일이죠.

제 외래에 방문하는 환자 중에서도 부모님이 너무 좋아서, 이것이 고민이라 찾아오는 환자는 없어요. 반대로 너무 원망스럽고 싫어서 그래서 도저히 분노를 참을 수 없어서 오죠. 내 부모이기 때문에 좋아하고 싶은데, 인간적인 혹은 사회적인 이유로 좋아할 수 없는 지금의 상태를 괴로워하고, 그런 상태를 만든 부모를 원망합니다. 그런데 그렇게 원망하게 되면 그 사람들이 싫은 상태를 넘어서 결국 원망하고 있는 자기 자신을 미워하고 있더라고요.

그래서 저는 성인이 된 사람들에게 심리적 독립에 대해서 이야기합니다. 심리적 독립이란 어머니 아버지를 성인 대 성인의 입장에서 평가하고, 인간적인 평가와 부모 자식 간의 평가를 따로 하게끔 합니다. 그리고 원망해야 하는 것을 구체적으로 정합니다. '아버지'라는 사람 전체가 아니고, 그분이 잘못한 '도박' '술' 이런 것을 구체적으로 정하게 합니다.

원망하고 평가하고 난 후, 부모를 원망한 자식의 입장이 아닌, 그냥 객관적 성인의 입장으로 살게 하는 거죠. 그러면 신기하게도 나쁜 부모에 대한 원망보다는 그냥 내 부모에 대한 측은한 마음이 조금씩 되돌아오더라고요. 그것이 심리적 독립의 첫걸음입니다.

이런 심리적 독립을 한다고 모든 것이 용서되고 원망했던 부모가 금방 좋아지는 것은 아닙니다. 다만 부모를 원망하는 나 자신이 조금은 이해되면서 분노가 서서히 가라앉고, 좋아하고 싶은데 좋아할 수 없는 '모순'의 상태가 조금씩 해결됩니다.

다시 처음으로 돌아가, 엄마가 좋으냐 아빠가 좋으냐

는 원초적이고 짓궂은 질문에 어떻게 대답하든 상관이 없는데도, 꼭 정답을 말하려 했던 우리의 모습에 대해 다시 생각해보고자 합니다.

그것은 어쩌면 나의 가장 태곳적 평온 상태를 같이했던 엄마의 '품'과 그 품에서 나와 '독립'의 기술을 같이 연습해준 아빠의 '의지' 사이에서 고민하며 인생을 준비하던 우리의 어린 시절 모습이 아닐까요.

그래서 지금 성우 씨도 과거 노브레인의 태생 '품'과 새로운 발전의 '의지' 사이에서 고민하다 문득 다시 고향 생각이 나고, 또 저에게 엄마가 좋냐 아빠가 좋냐는 질문을 하지 않았을까 싶네요.

고향은

강박적 바쁨을 잊게 해주고,

바쁘지 않다는 것에 대한 괜한 죄책감을 상쇄시켜주는

단어 아닐까요.

사람이 변하기도 하나요

이성우

교수님, 사람이 변하기도 하나요?

음악 하던 친한 동생이 있는데 이 친구는 하루하루를 지구의 마지막 날처럼 살았어요. 노는 것도 좋아하고 술도 한번 마시면 죽기 살기로 마셔대니 사건 사고가 끊이질 않았죠. 늦게까지 술을 마시다 보니 다음 날 일정에 차질이 생기는 건 다반사고 취해서 다른 사람과 싸우는 일도 종종 있었어요. 이런 일이 자주 일어나다 보니 주변의 친구들도 지쳐서 떨어져 나가고 "저 새끼는 안 돼!" 하는 주변의 평판이 늘 따라붙었죠.

근데 어느 날 이 친구가 결혼을 한다는 겁니다. (나도 못한 결혼을!) 주변 반응이 어땠는지 아세요? 성스러운 날임에도 불구하고 결혼식장에서 부인이 불쌍하다는 이야기가 흘러나왔어요. 이후 바쁘게 살다 보니 얼굴도 자주 못보게 되고 몇 년의 시간이 흘렀습니다.

그런데 우연히 술자리에서 만난 친구는 완전 다른 사람이 되어 있었습니다. 가장 큰 문제였던 술을 완전히 끊어버린 거예요. 대체 이 엄청난 변화의 이유가 무엇이냐고 물었더니, 새로 태어난 아기에게 부끄러운 아빠가 되지 않기 위해 술도 끊고 음악 외에 다른 일도 열심히 하며 살고 있다고 하더군요. 어느 누구도 어떻게 하지 못했던 그 친구의 인생을 새로 태어난 아기가 바꿔준 겁니다.

아주 어릴 때 우린 주변 누군가의 상황 따위는 전혀 신경 쓰지 않으며 자기의 이익만을 생각합니다. 전 아기 때 모유는 절대 먹지 않고 분유만 고집했다고 합니다. 늦게까지 자지도 않아서 새벽까지 엄마가 정말 고생하셨다고 하더라고요.

그러다 나 아닌 가족이나 친구 등의 존재를 인식하고 상대방의 입장이라는 게 있다는 걸 알게 되면서 존중과 배려 등을 하게 되는 거죠. 물론 저는 지금도 엄마 말을 안 듣습니다만, 내 맘대로 되지 않는다고 울고불고 난리치는 일은 이제 없으니까요.

또 다른 친한 동생 중에 심리상담사를 준비하는 친구가 있습니다. 이 친구는 최근 범죄심리학에 관심이 많아졌는데, 만약 자신이 가해자를 상담해야 할 때와 피해자를 상담해야 할 때 아무래도 가해자를 상담하기가 더 힘들 거 같다고 했습니다. 후배가 말하길, 가해자의 이야기를 듣다 보면 연민과 증오라는 감정이 생겨 객관적으로 대할 수 없을 것 같다는 게 이유였습니다.

이어 발달장애인의 90퍼센트는 살면서 한 번 이상의 성폭행 피해자가 된다며, 가해자는 장애인을 같은 인간으로 보지 않고 불량품으로 본다며, 어떻게 이럴 수가 있냐며 흥분하며 말했습니다. 그 말을 듣는데 약자는 도태되어야 마땅하다는 논조의 글을 인터넷 커뮤니티에서 본 게 떠오르더라고요.

그런데도 이 친구는 아무리 생각해도 인간은 악하지 않다고 했어요. 그냥 단지 불안하고 두려워서 그렇다면서요. 인간은 하얀색으로 태어나지만 불안과 혼란에 물들고 얼룩지는 것 같다는 겁니다.

사람은 태어날 때부터 착하다는 성선설, 원래 성질머리 더럽게 태어나는데 살면서 나쁜 본능을 억누르는 법을 배우며 착하게 순화된다는 성악설. 선생님께서는 어느 쪽을 믿으세요?

저는 성악설을 믿습니다. 태어날 때 우리가 뭘 알아요. 자기만 알죠. 다른 거 다 필요 없고 자기의 욕구를 충족시키기 위해서 눈물과 고함을 발사하며 허기를 채우고 축축한 기저귀를 갈아달라고 하죠. 엄마가 자든 말든 낮이든 새벽이든 신경이나 씁니까. 상관없어요. 그냥 어느 순간이든 어떤 상황이든 무조건 자기의 욕구가 받아들여질 때까지 울며 보채지 않습니까.

때로는 우리 사회의 도덕이라는 틀로 자유가 거세당하고 있지는 않나 하는 생각이 들 때도 있지만 같이 살아가려면 불가피하겠죠. 세상 모든 일이 다 자기 마음대로 되지 않는다는 걸, 또 사람은 혼자서 살아가지 못한다는 걸 깨닫고 순화되어 간다고 생각합니다.

선생님은 어떻게 생각하세요? 사람은 악하게 태어날까요, 착하게 태어날까요? 성선설과 성악설에 대한 선생님의 견해가 너무 궁금합니다. 우매한 중생들에게 큰 가르침을 주시죠.

못 이기니까, 스포츠 정신의학이라는 사이드 길로 운동에 접근한 게 아닐까 싶어요. 이런 과정이 좋은가 나쁜가를 떠나서 이렇게 자라오고, 시간이 흘러 스포츠 정신의학자인 제가 된 것이죠.

2부

선생님,
제가 말이에요

혁명을

꿈꾸며

이성우

친한 동생의 이야기입니다. 하루는 이 친구가 아버지와
TV를 보고 있는데, 세상의 불만이라는 불만은 다 가진
듯한 표정에 머리는 삐죽삐죽 세워서 "넌 내게 반했어!!!"
라고 외치고 있는 어떤 미친놈이 나왔더라는 겁니다.

  TV를 보던 아버지는 삿대질하시며 "저런 놈들은 TV
에 나오면 안 되는 놈들이야"라며 분노하셨는데, 이 친구
는 그 순간 세상이 다른 색으로 채워지는 듯한 묘한 기
분이 들더랍니다. 당시 친구는 중학생이었는데 아버지와
의 관계가 최악이었다고 해요. 그런데 자기와 사이가 불

편한 아버지의 심기를 건든 그 사람들이 너무나도 멋져 보였다고 했습니다. 대충 눈치채셨겠지만 TV에 나온 그 미친놈들은 바로 우리 노브레인이었죠!

친구에게서 이 이야기를 듣고 사실 전 좀 깜짝 놀랐어요. 부모님이 어떤 대상에 불편함을 느끼고 싫어하는 모습을 보는 일이 자식에게는 오히려 호감과 쾌감으로 다가올 수가 있다는 점에서 말입니다. 동생 녀석은 아버지의 권위에 직접 저항하지 못하지만, 저를 통해 간접적으로나마 아버지에게 저항하는 느낌이었을까요?

우리는 살면서 매번 저항과 혁명을 꿈꾼다 생각합니다. 그게 뭐 세상을 정복한다는 둥 그런 거창하고 대단한 거 말고도, 직장 다니는 사람들은 왜 사장님 얼굴에 사표를 던지면서 쌍욕하고 회사를 나온다든지 그런 거 있잖습니까. 그런데 그렇게 살 수 있는 사람이 얼마나 될까요? 혈기 왕성하고 물불 안 가리는 20대 땐 시원하게 사표 던지며 더러워서 그만두겠다고 외칠 수 있지만, 나이를 먹고 가정이 생기고 나이 드신 부모님, 어린 자식을 떠올리면 이젠 앞뒤 안 보며 행동할 수도 없는 일이죠.

저도 성질 참 고약했습니다. 십몇 년 전에 친구 아버지의 심기를 불편하게 만들던 때에 비하면 성질 많이 죽었죠. 막다른 골목으로 달리던 20대 때와는 많이 달라진 거 같네요.

　나이를 먹으면서 앞과 뒤를 생각하게 되었다는 게 어떻게 보면 현명해진 것이기도 하겠죠. 지금은 인생의 2부를 향해 달려 나가는 것 같아요. 어쩌면 새로운 혁명을 일으킬 수도 있을 것 같고요. 이제는 저보다 어린 여러 부모님을 화나게 하고 싶습니다.

미네르바의 부엉이는
황혼에 날개를 편다

한덕현

정말 그런 아버지가 한 분쯤은 있으리라 생각했었는데, 진짜 있었네요! 머리도 단정하지 않고, 노래는 어찌나 소리를 꽥꽥 질러대는지…. 가사는 또 어떻습니까, 다짜고짜 연애질에 해당하는 노랫말을 아무렇지도 않게 내질러대니. 옛날 아버지로서는 당연히 그렇게 이야기하셨을 거예요.

변화는 '과거'를 화나게 합니다. 왜냐하면, '과거' 입장에서 보면 '변화'는 여지껏 한 번도 경험해보지 못한 상황, 그러니까 미지의 세계인 것이죠. '과거'는 내가 경험해본 것이니까 어떻게 흘러갈지 예측이 되지만, '변화'는 예측이 안 되니까 불안합니다. 불안하니까 화가 나죠.

그런데 화는 대상이 있어야 정당하게 낼 수 있어요. 때문에 화를 내야 하는 대상을 찾게 됩니다. 요즘 말로 '화받이'라고나 할까요. 이 화받이로는 눈에 보이는 변화와 귀에 들리는 변화가 일차적 타깃이 되죠. 또 무덤덤한 시각보다는 화려한 시각, 조용한 청각보다는 시끄러운 청각이 더욱 예민한 타깃이 되고요.

그래서 TV에 나오는 노브레인이 쉽게 타깃이 됐을 겁니다. 심지어 노래 제목도 '넌 내게 반했어'!

예전 노래들은 '나는 너를 좋아해' 혹은 '네가 나를 좋아했으면 좋겠어'라고 겸손히 상대방을 유혹했는데, 노브레인은 이를 완전히 뒤집었죠. 김소월 시인의 〈진달래꽃〉이 '나 보기가 역겨워 가실 때는 진달래꽃 아름 따다 가실 길에 뿌리오리다'라고 노래한 반면, 노브레인은 '도도한 눈빛으로 제압하려 해도 난 그런 속임수에 속지 않아'라고 주장합니다. 그래서 노브레인은 많은 '과거'들에게 타깃이 되었을 확률이 높습니다. 혁명처럼 보였겠죠.

젊은 미래들은 과거를 경험하지 못했습니다. 과거에 얽매이지 않기 때문에 오히려 현재와 미래를 예측하기가 더 쉽습니다. 그래서 젊은 친구들이 노브레인에 더 열광했을 것입니다.

조금 오래된 이야기를 꺼내보자면, 중세 유럽에서는 '활자'가 지금의 '게임'보다도 훨씬 악의 축으로 여겨졌다는 거 아세요? 중세 귀족들은 서민들이 자신들의 지식수준을 따라잡는 것에 큰 두려움을 느낀 나머지 많은 사람에게 지식을 쉽게 나누어줄 수 있는 활자를 악의 축으로 생각했습니다. 하지만 지금은 활자를 통해 오히려 사회 기득권층이 국민들을 선동하고, 자신들의 주장을 홍보하죠.

아마 지금 게임을 마약이라고 생각하고 있는 일부 기성세대도 게임의 다양한 활용을 경험한다면, 분명 미래에는 자신의 생각을 부끄러워할 수도 있습니다. 기성세대의 전통을 깨기 위해서는 신세대의 도전이 필요하고, 곧 그 신세대는 기성세대가 되어 다시 신세대의 도전을 받아 세상은 정-반-합에 의해 발전하게 된다는 헤겔의 변증법은 이런 혁명과 변화에 정말 잘 맞는 철학이죠.

헤겔의 대표적인 말 중에 '미네르바의 부엉이는 황혼에야 그 날개를 편다'는 말이 있습니다. 미네르바는 지혜의 여신이고, 부엉이는 철학을 상징합니다. 이는 철학은 앞날을 예측하는 것이 아니라, 어떤 현상이 일어난 뒤에야 비로소 역사적인 사건들을 고찰하여 그 의미가 분명해짐을 말합니다. 이를 다시 헤겔의 변증법에 빗대면, 어떤 현상이 있으면 새로운 변화와 혁명이 있고, 그 혁명이 다시 과거가 되어 또 다른 변화가 있는, 반복적 변화와 교정을 통해 진실에 가까운 쪽으로 간다는 것이죠.

성우 씨의 희망처럼, 성우 씨보다 나이가 적은 부모님을 화나게 할 수 있다면, 정말 많은 변화를 계획하고 있으신 겁니다. 이제는 흔한 말이지만, 저는 '나이는 숫자에 불과하다'는 말을 참 좋아합니다. 나이는 먹더라도 마음이 젊다는 것은 변화를 받아들이고, 평가하고, 그다음 변화를 준비하는 것입니다.

'과거'는 내가 경험해본 것이니까,

어떻게 흘러갈지 예측이 되지만,

'변화'는 예측이 안 되니까 불안합니다.

불안하니까 화가 나죠.

내
인
생
을

조
진
노
래

이성우

어렸을 때부터 저희 집은 흥겨운 음악이 흐르던 집이었어
요. 아빠는 기타를 잘 치셨고 노래도 꽤 수준급이셨고,
엄마 또한 성량이 프로가수 뺨칠 정도로 좋으신데다 노
래 부르는 것을 엄청 좋아하셨거든요. 그런 집에 음악이
흐르지 않는다면 오히려 그게 이상했겠죠.

집에는 카세트테이프가 수북하게 쌓여 있었고 온종일
음악이 흘러나오니 포크송부터 삼태기 메들리까지 어린
저도 줄줄 외울 정도가 되었습니다. 부모님 앞에서 그 노
래들을 부르면 좋아하시니 더 까불면서 노래했던 기억이

있네요.

초등학교 저학년 무렵에는 엄마가 외갓집을 가시거나 동네 아주머니들과 놀러 가실 때, 동생과 밥 사 먹으라고 주신 돈으로 직접 요리를 해 먹고 남는 돈으로 카세트테이프를 샀어요. 그러던 어느 날, 동네 레코드점에 갔다가 머리를 포마드로 넘기고 한 손엔 기타를 든 반항적인 눈빛의 남자를 재킷으로 한 LP를 발견합니다.

앨범 재킷이 너무 근사해서 사고 싶었지만 그때 당시 저희 집에는 LP플레이어가 없었어요. 그림의 떡으로 남나 했더니 동네 친한 형이 그 앨범을 카세트테이프로 가지고 있지 뭐예요. 형에게 제가 가진 다른 테이프를 빌려주고 그 앨범을 빌려 들었는데 정말 충격적이었어요.

영어도 아니고 무슨 말인지는 모르겠지만 아무튼 들으니 신났고 무엇보다 전자기타 솔로가 너무나도 정열적이어서 어깨가 오싹해지는 느낌을 받았어요. 공포영화도 아닌데 말이죠.

초등학교 6학년생이 용돈을 모으고 모아서 산 이 앨범은 영화 〈라밤바〉의 OST입니다. 정말 수록곡 중에 단 한 곡도 버릴 노래가 없어요.

보통 영화를 보고 음악이 너무 좋아서 OST를 사는 게 순서인데 전 반대였어요. 영화를 보지 못한 채 OST를 들으면서 그 영화의 장면 장면을 상상하고 이 노래를 부른 사람은 어떤 얼굴을 하고 노래할지 엄청 궁금해했는데, 영화를 보고선 OST가 더 좋아졌고 그 장르가 로큰롤이라는 걸 알게 된 거죠.

이 앨범 전곡을 1000번 이상은 들었을 거예요. 들을 때마다 너무 좋아요. 지금도 손가락 안에 꼽을 수 있을 정도로 좋아하는 앨범이고 영화 또한 저의 인생영화입니다.

그때부터 전자기타가 나오는 음악들을 파기 시작하면서 메탈리카, 주다스 프리스트, 본 조비, 이런 음악들만 찾아 들었어요.

그때 제가 할머니랑 같은 방을 썼거든요. 할머니는 저 때문에 대한민국에서 헤비메탈 같은 록 음악을 제일 많이 들은 할머니일 거예요. 나중에는 그 쇠를 갈아대는 소리에 익숙해지셨는지 주다스 프리스트의 〈Pain killer〉라는 세상 시끄러운 노래에도 잠을 주무실 정도였으니까요.

예전에는 정보를 구할 수 있는 창구가 정말 없었잖아요. 기껏해야 잡지가 다였죠. 주변에 록 음악을 좋아하는 친구들도 몇 명 없어서 저 혼자 동네에 있는 레코드점부터 시내에 있는 레코드점을 다 돌고… 사실 뭐가 있을지도 모르는데 설렘을 가득 안고 버스를 타고 레코드점으로 향하던 그 모습을 지금 떠올려보면 스스로가 조금 귀엽고 뭔가 뭉클해요.

돈이 생기면 레코드점으로 달려갔는데 추천해주시는

것 중에 반은 좋았고 반은 별로여서 실망을 많이 했던 기억도 있네요. 뭐, 동네 레코드점에 꼬마 호구 하나 생긴 거죠.

지금이야 듣고 싶은 노래가 있으면 당장 음원사이트나 유튜브를 통해 들을 수 있겠지만 CD의 비닐을 벗기고 부클릿을 꺼내 라이너 노트를 읽고, 어떤 노래들이 있을지 잔뜩 기대하곤 노래가 좋지 않아도 돈 아까워서 몇 번은 억지로라도 듣던 그 시절을 살았다는 게 전 참 다행이라고 생각합니다. 빈곤했지만 마음은 풍요로운 시절이랄까요?

선생님에게 풍요로웠던 시절이나 풍부했던 무언가가 있었다면 뭘까요?

내 인생을 살린 스포츠

한덕현

성우 씨 질문을 받고 며칠을 곰곰이 생각해보다가 참 놀랄 만한 대답이 떠올랐습니다. 제가 소중하게 생각하던 것이 늘 곁에 풍부하게 있었구나 하고요. 마치 산소가 늘 주위에 있지만 그 소중함을 자꾸 잊는다는 통속적 어구처럼요. 바로 스포츠가 그랬습니다.

질문에 답하자면, 제 인생에 가장 풍부했던 것은 운동이었던 것 같습니다. 제가 걸어다니기 시작할 무렵부터 누나와 제가 아침 체조를 하는 사진이 남아 있을 정도예요. 아버지께서 아침에 일어나면 무조건 운동을 하라고

시키신 거죠.

그리고 태권도, 수영, 테니스, 야구, 농구, 골프 등 제 인생의 어느 한 시기도 운동 활동이 빠진 적이 없었던 것 같습니다. 학교가 일찍 끝나는 저학년이건, 오후 늦게까지 공부하던 시절이건 규칙적 운동 활동을 거른 적은 없었던 것 같아요. 대학교 와서는 공부보다 운동 서클에 더 많이 참여했고요.

돌이켜보면 그런 조기 교육 및 관심이 영어로 된 스포츠 기술들을 술술 외워버리는 놀라운 신공으로 발휘되었나 봅니다. 의학용어는 정말 외우기 힘들었는데 말이에요. 그리고 그런 풍부하며 소중한 환경 속에 더 오래 머물고자 스포츠 정신의학을 전공하고 선수들과 같이 있으려하는 것 같네요.

앞서 얘기했듯이 운동을 좋아했지만, 운동으로 아버지를 이기지 못했기 때문에, 운동 자체로는 도저히 '신'만큼 잘하는 선수들을 못 이기니까, 스포츠 정신의학이라는 사이드 길로 운동에 접근한 면도 있는 것 같아요. 프로 선수만큼의 운동 자질이 없는 저로서는 아마도 최선의 방법을 택한 것일지도 모르겠습니다. 그러니 풍부한 음악 환경에서 자라 프로 가수로서 머물 수 있는 성우 씨가 부럽기만 합니다.

그래도 이야기를 하다 보니, 저 역시 성우 씨처럼 인생에 정말 풍부했던 그리고 지금도 풍부한 것이 스포츠라, 풍부한 재료를 통해 인생의 경험도 많아지고, 축적된 경험이 다음 인생의 목표를 잡아주고 다양한 목표는 의지를 불러내고, 그렇게 살아오고 있는 것 같습니다.

꿈과 현실

이성우

"난 록을 할 거야! 그리고 무대를 뒤집는 밴드를 할 거야!"

친구들은 대학에 갈 준비를 하며 어떤 대학에 원서를 넣을지 고민하는 고3 때 전 만화가와 록커 중에 무엇을 할지 고민했습니다. 둘 다 하면 된다는 결론도 있지만, 혈기 왕성한 그 시절엔 하나를 죽어라 파야 뭐라도 이룰 거란 아주 단순한 생각밖에 하지 못했죠.

일단 그림은 잘 그리는 사람이 너무 많았어요. 그림은 가까운 곳에서 절망감을 충분히 맛볼 수 있었습니다. 집에 있는 동생의 그림을 보면 고개를 절레절레 흔들 수밖에 없었거든요. 명암에 색칠까지 완벽한 그림을 보면서 '난 저렇게 절대 못 그린다, 저 벽을 절대 넘을 수 없을 거다'란 생각에 그림이나 만화는 쉽게 포기하게 되었습니다. (동생은 밴드 한다고 난리 치는 나 때문에 그림을 포기했지….)

록커는 그냥 냅다 지르면서 발광하면 될 거란 생각에 고등학교를 졸업하자마자 일단 밴드를 만들어야겠다며 서울로 상경했네요. 지금의 저를 보세요. 제 꿈은 이제 더 이상 꿈이 아닌, 이루어진 현실이죠. 저처럼 꿈을 이룬 사람들은 앞으로 어떻게 살아가야 할까요? 만약 이루지 못했다면, 또 어떻게 살아가야 했을까요?

보다 근본적으로 꿈이란 뭘까요? '되고 싶지만 될 수 없는 나'라고 하면 어떨까요? 아무리 사람이 노력해도 가질 수 없는 재능이란 게 분명히 존재한다고 생각하거든요. 수학계산은 완전 꽝인 제가 물리학자가 되거나 선생님처럼 의사가 되어 가운을 입고선 환자들의 진료를 보는 건 상상도 할 수 없습니다. (난 흰 가운은 입고 싶진 않다….)

가지지 못한 것에 대한 동경이 있기에 사람들은 꿈을 소중히 여기는 거겠죠. 손에 넣으려고 발버둥 치고 막상 가지게 되면 행복해하는 건 그리 오래가지 않는 것 같아요. 금방 무뎌지고 싫증도 느끼고 왜 이걸 바라고 선택했는지 기억도 나질 않고 최악의 경우에는 후회하고 자신을 원망하는 경우도 있는 것 같습니다.

전 다행히도 제가 이루어낸 꿈이 아직도 너무 멋지고 자랑스럽습니다. 거친 사운드와 폭발적인 에너지로 버무려진 로큰롤을 노래하면 사람들이 환호해줍니다. 이것만으로도 행복한데 노래를 해서 밥 먹고 살 수 있다는 건 정말 축복받은 일이란 생각이 들어요.

꿈에 대해 한 가지 단호하고 확실하게 대답할 수 있는 것은 다행스럽게도 전 아직 노력하는 사람이라는 겁니다. 저는 지금까지의 저희 음악보다 더 나은 무언가를 아직도 갈구하고 원해요. 오랫동안 하다 보니 여태까지 해온 게 많기에 노래를 만드는 건 어렵기도 하면서 재미있기도 한데, 어느 쪽이든 노력하면서 만들어요.

그리고 이건 제 생각인데요, 죽을 때까지 100퍼센트 만족스러운 음악은 나오지 않을 것 같아요. 죽을 때까지 완벽했다는 생각이 들 무대도 없을 것 같고요.

근데 덕현 선생님, 문득 궁금한 게 생겼어요. 전 선생님 만나면서 뭐라고 말해야 할까요, 정신과 의사에 대한 이미지가 많이 바뀌었다고 해야 하나요? 그렇습니다. 상대를 엄청 딱딱하고 예리하게 관찰하려 하는 모습이 정신과 의사에 대한 제가 가진 이미지였는데, 선생님은 권위적인 느낌이나 저를 압도하는 느낌이 전혀 없어서 솔직히 처음에 너무 놀랐습니다. 예술에 대한 이해나 존중도 꽉 차 있어서 한 번 더 놀랐어요.

　선생님은 어렸을 때부터 정신과 의사가 꿈이었나요? 아니면 다른 꿈이 있으셨나요? 그리고 정신과 의사가 되시고 난 다음에 일에 만족하시나요?

꿈을 이룬

사람은 없다

한덕현

우리가 나중에 어떤 직업을 갖고 싶다고 할 때의 꿈 말고, '진짜 내 꿈은 무엇이다'라고 이야기할 때의 꿈은 '이상 ideal'과 가깝습니다. 인간은 이 이상이 없으면 삶의 의미가 희미해집니다.

이상은 철학자 플라톤이 이야기한 '이데아'와 관련 있습니다. 이데아는 현상 밖의 세상이며 모든 사물의 원인이자 본질입니다. 즉 이데아는 시간이 흘러도 그 모습이 변하지 않고 사물들이 궁극적으로 되고자 하는 것을 말합니다. 그런데 인간은 그 본질을 보지 못합니다. 오직 그

답답해서 찾아왔습니다

본질의 그림자만 볼 뿐이죠.

우리는 엄마 배 속에서 나오면서, 나름대로 무언가가 되기 위해 세상을 맞이합니다. 문제는 나이를 먹으면서 어떤 모습으로든 완성되어가고 있는데, 그것이 뭔지를 확실하게 느끼지 못한다는 것입니다. 그런데 분명 뭔가는 있는 것 같아요. 내가 뭔가를 발견하고, 혹은 무엇인가를 이루고 나서 '이것이 맞나?' 하고 곰곰이 생각하면 딱 부러지게 만족하지는 못하죠. 뭔가 잡은 것 같은데, 아닌 것 같기도 하고 맞는 것 같기도 한, 만족스럽기도 하고 그렇다고 또 100퍼센트 만족하지도 않는, 그런 것이죠.

동굴 벽면에 빛이 비치면 우리는 사물의 그림자를 사물 자체로 생각하지만, 그것은 허상이지 사물 자체가 아니죠. 이것이 유명한 플라톤의 이데아론, '동굴의 우상'입니다.

노브레인은 우리나라 가요사에서 정말 독특한 장르를 개척한 개성 있는 그룹이죠. 그러면 고민은 없어야 합니다. 색깔이 확실하니까, 방향성이 정해져 있으니까, 그 방향으로 뛰어가는 추진력만 있으면 되니까요.

그런데도 분명 노브레인은 고민할 것입니다. '이 음악이 우리인가?' '이렇게 노래하는 것이 정말 우리의 음악인가?' '우리의 음악을 대중들이 좋아하는가?' 이런 고민이 많을수록 노브레인은 꿈을 향해 또 본질을 향해 한 발

더 나아가고 있는 것이겠죠. 하지만 그림자를 완전히 벗겨내고, 본질을 보지는 못할 것입니다. 본질을 찾으려고 더 깊은 동굴 속으로 들어가면 갈수록 더 진한 실루엣만이 보일 테니까요.

'어떤 가수'가 되어야 한다는 나만의 '이상적 가수의 상'이 있는데, 그냥 '동굴 속의 그림자'처럼 가수의 실루엣에 가려서 나의 '가수 본질'을 못 보니까 계속 뭔가 더 추구하고 변화해보려고 노력하는 것이죠. 내가 어릴 때부터 꿈꿔오던 가수가 되고 대중 앞에서 노래하고 인기도 얻었으니 엄청 만족해야 하는데, 매일 100퍼센트 행복해 미치겠다는 삶을 살지 못하는 이유입니다.

요즘엔 많이 바뀐 것 같지만 그래도 아직까지 많은 사람이 '의사'라고 하면 딱딱하고 권위적인 모습을 떠올리는 것 같습니다. 특히 정신과 의사에 대해 갖는 선입견들이 있죠.

제가 생각하는 좋은 정신과 의사는 환자로 하여금 '어떤 의사다'라는 것을 못 느끼게 하는 의사입니다. 친절하다, 무섭다, 권위가 없다, 잘생겼다 등 어떤 판단이 들게 하는 것 자체가 환자로 하여금 편견을 가지게 만들어서 치료에는 별로 도움이 되지 않거든요. 그래서 가장 좋은 정신과 의사는 '벽'과 같은 정신과 의사라고 생각됩니다.

성우 씨와 마찬가지로 저도 정신과 의사가 정말 되고 싶었고, 그중에서도 스포츠 정신의학을 정말 하고 싶어서 했는데, 불만족입니다. 그냥 정신과 의사라는 실루엣, 스포츠 정신의학자라는 실루엣에 가려서 내가 정말 추구하고 있는 본질의 정신과 의사, 스포츠 정신의학자를 보지 못하는 건 아닌지 고민하죠.

저는 제가 스포츠 정신의학을 전공하면 많은 스포츠 선수들이 호의를 가지고 다가올 줄 알았는데, 그렇지 않더라고요. 스포츠 정신의학은 선수들의 수행능력 향상은 물론이고, 선수들의 정신건강, 심리, 대인관계, 가족관계, 직업생활의 스트레스, 선수 생활 후 적응과 직업의 전환까지 말 그대로 스포츠 전반에 관련 있는 정신학문을 연구하는 분야입니다.

그럼에도 불구하고 '의사가 스포츠에 대해서 뭘 안다고 이 바닥에 들어오냐' '스타를 만나고 싶어서 온 것은 아니냐'며 경계하고, '도대체 뭘 하는 것이냐' '점술가나 도사님과는 어떻게 다르냐'는 등 저로서는 상상도 못할 말들을 아무렇지도 않게 하는 사람도 많았습니다. 그런 질문을 받으면 내가 꿈을 향해 제대로 가고 있는 것인지, 옳은 길인지 틀린 길인지 누구에게 물어보고 대답을 듣고 싶은 마음도 간절했습니다.

2002년 월드컵 기억하십니까? 그때 축구를 좋아하는

사람이건 그렇지 않은 사람이건, 우리 대한민국은 하나가 되고, 같은 꿈을 며칠이고 같이 꾸었지요. '꿈은 이루어진다'는 제 인생에 가장 기억에 남는 문구입니다.

스포츠 정신의학을 시작하고 어느 운동팀이건 또 프로팀이건 아니건 간에 선수들을 만나고, 분석하고 서로 고민하고 운동 수행능력을 올리는 데 일조하고 싶은데, 몇 해 동안 저를 불러주는 곳이 단 한 곳도 없었습니다. 저는 이제 막 정신과 전문의를 딴 햇병아리였고, 유명 프로팀은 물론 어떤 운동팀에도 연줄이 닿을 만한 능력도 경륜도 없었답니다.

프로야구팀의 전지훈련장에 따라가기 위해 달랑 5일 있는 휴가를 일 년 내내 안 쓰고 있다가 그 소중한 휴가를 그냥 버리는 일도 많았습니다. 온종일 휴대전화만 만지작거리며 구단에서 혹시 걸려 올지 모르는 전화를 기다리는 일도 태반이었습니다. 그렇게 1년, 2년이 지나니 저도 조금씩 지쳐가고, 스포츠 정신의학은 아직 우리나라에서는 힘들구나 하며 포기할까 생각할 때 월드컵이 시작되었고, 저도 함께 월드컵을 즐겼습니다.

그런데 마음 한 켠에는 저 선수들 옆에 내가 있으면 좋겠다는 생각이 커지면서 절망감도 더 깊어졌죠. 그때 저의 어머니께서 책 한 권을 주시면서, '기다리는 순간이 가장 큰 희망이고 객관적인 눈을 가지게 되는 좋은 시기'라고 말씀하셨어요. 그때 주신 책의 제목이《꿈은 이루어진다》였습니다. 책은 히딩크 감독이 한국 축구를 어떻게 발전시켰는지, 어떻게 4강까지 가게 되었는지에 대한 내용인데 솔직히 크게 감동스럽지는 않았어요. 하지만 그 제목이 제 가슴에 깊이 남았죠.

그리고 십수 년이 지나 저의 큰아이의 글짓기 숙제를 잠깐 봐준 어느 날의 이야기예요. 행복과 불행이라는 주제에 아이는 이렇게 적었습니다. '내가 생각하는 가장 불행한 사람은 "꿈"이 없는 사람이다. 가장 행복한 사람은 꿈을 이룬 사람이 아니고, 꿈을 이루고 있는 사람이다.' 또 한 번 제 가슴에 뭉클하게 와닿는 문구였습니다. 10년 전 저는 꿈을 이루려고 첫발을 뗀 사람이었고, 지금은 꿈을 이루고 있는 과정이니, 어쩌면 지금이 내가 제일 행복한 순간이구나 하는 생각이 들었던 거죠.

제가 어렸을 때 상상하던 고매한 스포츠 정신의학자는 어쩌면 동굴의 우상이었고, 지금의 스포츠 정신의학자는 현실, 그리고 나이를 한참 먹고 나서도 꿈꾸고 있는 스포츠 정신의학자는 이상이 아닐까 합니다.

그런데 이런 고민이 있기에 저는 내일도 꿈을 꾸며 살고 있습니다. 어쩌면 인생의 정리 단계를 시작해야 할 나이인 저에게, 얄궂은 누군가가 '꿈'이 뭐냐고 물어보면 저는 잠시도 주저하지 않고 '스포츠 정신의학자'가 되어 제대로 활동하고 싶다고 이야기할 것입니다. 그래도 저는 그림자만 보고 있기에, 또 이게 아닌데 하고 뭔가 더 있는데 하면서 그것을 찾으러 다니겠지요?

그래서 우리가 생각하는 100퍼센트 만족하는 꿈을 이루는 것은 불가능할 것 같아요. 그저 꿈의 그림자를 만지며 본질을 향해가는 그 여정에서 희망과 즐거움을 상상하는 것이 바로 꿈꾸는 것이 아닐까 생각합니다. 이런 의미에서 볼 때, 노브레인 멤버들은 늘 꿈을 꿀 수 있겠죠?

만약 성우 씨께서 지금 노브레인이 추구하는 음악을 다 이루어서 행복하시다면 그것은 진정한 행복이 아니라, 곧 불안이 시작될 것 같아요. 가진 것을 잃을지도 모른다는 상실에 대한 불안감. 하지만 지금 뭔가 부족하고, 안 돼서 개인적으로 혹은 팀 멤버들과 갈등 혹은 어려움이 있으시다면 그것은 음악의 꿈을 만들어가는 것이고, 곧 행복해지고 있는 중입니다.

이성우

"꿈은 이루어진다!"라는 글귀를 읽고선 울컥했어요. 한편으로 선생님같이 훌륭하고 어마어마하신 분도 2002년 월드컵 당시 하루 종일 울리지 않는 휴대폰을 보며 절망감을 느끼셨다는 것도 충격적이에요. 선생님 근데 저도 그때 공연 섭외가 들어와도 무대에 설 수 없었던 상황이었어요. 한 멤버가 탈퇴한 상황이었거든요. 들어오는 돈이 없으니 막노동판 나가던 시절이었죠. 덕현 선생님과 저에게 월드컵은 남들처럼 마냥 즐길 수 없었던 시간이네요.

프로이트와 니체

한덕현

저는 아놀드 바이저Arnold Beisser, 지그문트 프로이트, 프리드리히 니체, 헤르만 헤세가 제 인생의 스승입니다. 아놀드 바이저는 스포츠 정신의학을 체계적으로 처음 세상에 알리신 분입니다. 이전에도 많은 심리학자, 정신과 의사가 스포츠에 관여했지만, 이분이 스포츠 정신의학의 명확한 목적과 체계를 잡으셨다 할 수 있죠. 젊었을 때 테니스 선수 생활을 했지만 소아마비에 걸리면서 할 수 없이 공부를 해 의사가 된 이력이 있습니다.

그는 스포츠를 계속해서 사랑하고, 자신이 선수였을

때 정신적으로 힘들고 괴로웠던 부분에 도움을 주기 위해 스포츠 정신의학이라는 학문을 체계화시킨 것이죠. 주변 동료들과 협업도 많이 했습니다. 저에게는 의과대학 시절 목표가 없어 헤맬 때, 도서관에서 계시처럼 나타난 저널 한 편으로 제 인생의 큰 방향성을 열어주신 분이죠.

아쉽게도 심장마비로 너무 빨리 돌아가셔서 직접 뵙지는 못했지만, 제가 스포츠 정신의학을 전공하고 나중에 그분의 지인들을 뵙고 이야기를 들었을 때는 지금 제가 추구하고 있는 스포츠 정신의학의 의미와 목표와 잘 맞아서, 마음속으로 멘토로 삼고 있는 분입니다.

프로이트는 제가 직접 프로이트 진료실을 방문했을 때, 더 가슴 깊이 따라야겠다고 생각한 분입니다. 정신과 의사라면 당연히 교과서처럼 여기는, 무의식과 자아 심리학등 정신과 치료의 근본이 되는 분이라는 것은 말할 필요도 없습니다.

제가 프로이트 진료실에서 감동적으로 느낀 것은, 인간의 마음을 이해하고자 고대 이집트 피라미드부터 유럽의 외진 곳까지 두루 다니며 머리가 아닌 마음과 경험으로 사람을 이해하려고 했던 호기심 많은 천재 의사의 삶이었습니다. 존경스러웠죠. 그렇게 노력해도 '인간의 마음을 과학적으로 다루는 것은 쉽지 않다'는 그분의 솔직한 고백이 정신과 교수로서 막 잘난 척을 시작하려는 저에게 큰 가르침을 주었기에 그분의 학문과 경험을 따르려고 더욱 노력하고 있습니다.

다음으로 중년의 시기에 들어서 인생의 2막을 준비하기 위해 제일 처음 떠오른 인물이 바로 니체입니다. 10대 후반이나 20대 초반에 읽고 고민했던 니체에 대한 제 얕은 지식은 다시 니체를 찾기까지 오히려 방해만 되었죠. 어렵고, 부정적이고, 삐뚤어진 철학자라는 생각에 20년 넘게 거들떠도 안 보다가 우연히 접한 니체의 철학은 정신과 의사로서의 삶과 중년의 삶, 그리고 앞으로 남은 인생 2막의 삶에 대해 다시 한번 생각하게 만들었습니다. '지금 네가 느끼고 생각하는 것이 옳고, 또 자유의지를 가지고 살아가는 인생이 진정한 네 인생'이라는 문구가 그 어떤 유명 자기계발서나 정신과 서적보다도 신선하고 강력하게 다가왔거든요.

그런가 하면 최근 영향을 많이 받고 있는 사람은 헤르만 헤세예요. 그의 작품이 고등학교 때 권장 도서이기도 했고 나름 문학 소년 티를 내기 위해 읽긴 읽었는데, 고백하자면 한번도 의미를 제대로 생각하며 읽지는 못했던 것 같습니다.

하지만 다시 손에 잡은 《데미안》《수레바퀴 아래서》《유리알 유희》 등의 작품에서 보이는 치밀한 구성과 감정 표현은 다소 딱딱하고 옛스럽지만, 인간 무의식을 너무 잘 반영하고 있어 흥미로웠습니다. 무엇보다 제게 영향을 미친 점은 바로 이 구성과 치밀함을 위해서 헤세는 우리가 상상하는 것 이상으로 고민하고 글쓰기를 존경하고 있다는 것이었습니다.《헤세의 문장론》에 이런 모습들이 너무도 잘 나타나 있습니다. 자기 직업에 대한 존경 그리고 그 존경심을 유지하기 위한 끊임없는 노력과 자긍심은 제 인생에서 늘 가져가야 할 덕목이라 생각됩니다.

지금까지는 이런 분들이 제 인생의 스승인데, 제 인생의 굴곡에 따라서 앞으로 또 추가되고 변형될 수도 있겠죠. 성우 씨에게 영향을 미친 사람들은 누가 있을까요?

그나저나… (저는 이제 객관적 판단을 내리기에는 좀 어렵지만) 정말 예전부터 궁금해서 물어보는데, 노브레인은 크라잉넛에 비해서 확실히 더 뛰어난 그룹이 맞죠? 노브레인과 크라잉넛은 사람들이 많이 헷갈리기도 하는데, 둘의 관계는 모차르트와 살리에르 같은 라이벌 관계인가요, 아니면 해장국 맛집 골목처럼 서로 시너지를 내기 위한 또하나의 맛집인가요?

음악적인 무식함으로 과감하게 질문하고 싶은 것이 또있습니다. 다른 록에 비해 펑크록이 갖는 특징은 무엇이있을까요? 아주 평범하게 음악 듣는 사람의 입장에서는 펑크록이 하드록이나 메탈에 비해서 더 솔직하고 우리와 가까이 있는 것 같아서 듣기 편한 것 같아요.

클래식으로 따지면 하드록, 메탈이 바흐나 헨델 정도의 궁중 음악가가 고귀하게 만든 음악인데 반해 펑크록은 모차르트, 차이코프스키와 같이 대중이 들을 수 있고 친하게 지낼 수 있는 느낌이라고나 할까요.

그렇다면 제가 듣기로는 비슷한 펑크록을 하고 있는 노브레인, 크라잉넛, 레이지본의 음악적 공통점과 차이점은 무엇인가요?

크라잉넛과 밥 말리

이성우

아유우 선생님, 크라잉넛은 일단 저희가 키로 압도합니다!

크라잉넛과 레이지본과 노브레인. 저희도 라이벌이라면 라이벌이죠. 음악 스타일도 패션 스타일도 영향받은 밴드들도. 아무래도 록이 한 뿌리에서 나온데다 처음 시작했던 시기도 비슷해서(사실 크라잉넛이 1년 선배지만.) 비교선상에 많이 놓인 것도 사실입니다. 또 사람들이 그런 상황들을 만들다 보니 자연스럽게 서로 더 멋진 걸 하고 싶다는 부글거림도 있긴 했죠.

1990년 말부터 2000년 초에 있었던 밴드 붐은 노브레인만의 힘으로 혹은 크라잉넛만의 힘으로는 일어나기 힘들었다고 생각합니다. 그때 함께 뛰었던 수많은 밴드 덕분에 가능했다는 생각이 드네요.

음악은 문화이자 '무브먼트movement'이니까요. 펑크록도 기성세대의 짜인 틀을 파괴 혹은 부정하며 태어난 음악이자 무브먼트인데요. 쉽게 설명해 1960년대에 히피족이 있었다면 1970년대엔 펑크족이 있었다고 생각하시면 됩니다. 물론 대한민국이 아닌 외국의 이야기입니다.

펑크록은 영국에서 태동했어요. 당시 영국 사회는 높은 실업률로 젊은이들의 분노가 하늘을 찌르고 있었는데 그걸 터트린 게 펑크록이었죠. 때는 1977년. 삐죽삐죽한 머리에 안전핀을 귀걸이로 하고 찢어진 스웨터를 입고선 방송국에서 욕설을 날리며 엘리자베스 여왕을 조롱하는 노래를 부르던 섹스 피스톨즈를 시작으로, 어찌 보면 이 반사회적인 불량배들의 모습이 세계적으로 인기를 끌게 된 거죠.

펑크록의 매력을 하나 꼽자면 "누구든 기타를 칠 수 있고 누구든 노래를 할 수 있다!"라는 캐치프레이즈입니다. 선생님이 보신 게 정확했습니다. 헤비메탈 혹은 하드록보다 코드도 간단하고 멜로디도 쉬운 편이에요. 바로 그점이 제게 엄청난 매력으로 다가왔어요. 마치 음악에 왕도가 어디 있냐며 엘리트주의를 비웃는 모습이 너무나도 충격적이었습니다.

크라잉넛, 노브레인, 레이지본의 차이점을 물어보셨는데 이것도 풀자면 재미있어요. 펑크 삼대천왕이라고(절대 자칭 아닙니다. 타칭이에요!) 불리는데, 우선 크라잉넛은 재치 있는 가사 혹은 범우주적인 사이키델릭한 가사들이 특징이고 음악적으로 한 카테고리로 정하기엔 조금 어려운 친구들인 거 같아요.

노브레인은 크라잉넛에 비하면 재치라든지 깨발랄함은 없지만, 가사는 직관적인 편이고 불도저처럼 밀고 나가는 육중함이 있는 거 같습니다.

레이지본은 스카펑크 밴드인데 가사들이 희망 차고 자다가 일어나서 들어도 신이 나요. 아마 장례식장에서 틀어도 모든 이들이 춤을 출 겁니다.

이 세 밴드의 공통점은 열정으로 가득 차 있다는 것은 물론 오랜 시간 펑크록을 연주하며 계속 벽에 부딪히면서도 그 벽을 깨고 앞으로 나아간다는 점일 거예요.

선생님, 나이 먹으면 왜 그런 거 있잖아요. 같이 늙어가는 마음 맞는 친구 찾기 어려운 거요. 게다가 동종업계에서 아직도 현역으로 뛰고 있는 친구 찾기는 더 어렵거든요. 크라잉넛과 같은 시대에 동료로서 함께 음악을 하고 있다는 것이 뿌듯하고 또 이런 친구가 있는 것도 큰 복인 것 같습니다. 음악 이야기를 하니까 완전 투머치가 되어버렸네요….

제가 올해로 음악을 한 지 26년째더라고요. 개인적으로 좋아하는 밴드도 많고 영감을 받은 밴드도 많아요. 제가 사랑하는 밴드들에 대한 이야기를 해볼까 합니다.

저만 나이를 먹으면 좋겠지만 나이만큼은 공평하게 먹다 보니 제가 사랑하는 밴드 멤버들의 상당수는 나이를 많이 먹었어요. 또 몇몇은 하늘이 그들의 재능을 질투하였는지 위로 데려가버렸습니다. 하지만 여전히 현역인 경우도 있죠.

좋아하는 밴드가 너무너무 많은 관계로 딱 두 개만, 왜 좋아하는지 그리고 그들에게서 어떤 영향을 받았는지 얘기해볼게요. 바로 섹스 피스톨즈와 더 클래쉬!

둘 다 영국 밴드로 펑크 무브먼트를 이끌어 펑크라는 음악을 세상에 널리 알린 밴드죠. 제 입으로 말하긴 좀 그렇지만 마치 한국의 노브레인과 크라잉넛으로 생각할 수 있겠네요.

섹스 피스톨즈 같은 경우에는 "그냥 닥쳐라 이 새끼야! 내가 맞다고 하면 맞는 거야! 니가 뭔데" 하는 무대뽀적인 애티튜드를 가진 밴드로 유명합니다. 방송에서 욕설을 해서 출연 금지를 당한다든지 (노브레인도 방송에서 자기도 모르게 욕설을 몇 번 했는데 크게 문제가 되지 않고 슬금슬금 넘어갔어요. 다만 방송국의 피디님들이 시말서 쓰고 끌려갔다 와서 비공식적으로 우리가 출연이 금지되었던 적이 있었죠….) 베이시스트가 마약에 취한 채로 자해하며 피를 철철 흘리면서 공연을 한다든지, 영국의 여왕을 조롱하는 노래를 불렀다가 우익단체에 테러를 당했다든지, 아무튼 사고뭉치로 유명한 밴드였습니다.

그 사고뭉치라는 이미지에 걸맞게 앨범도 딱 한 장 내고 사라졌어요. 12곡이 담긴 앨범은 정말 모든 곡이 다 좋아요. 지금 들어도 전혀 촌스럽지 않고 멋있죠. 펑크 정신이 무엇인지 딱히 떠오르지 않으면 피스톨즈를 생각하면 됩니다. 굵고 묵직하게 한 방 제대로 먹이는 그들을요.

더 클래쉬는 피스톨즈보다 역사도 길고 음악도 좀 더 치밀하죠. 피스톨즈는 본능이 지배했다면 클래쉬는 이성이 이들을 지배했다는 느낌을 주는 음악이라고 할까요.

피스톨즈가 "에라 모르겠다 이 엿 같은 세상!"이라면, 클래쉬는 "이 엿 같은 세상에 대해서 이야기합시다" 하고 사람들에게 생각할 거리를 던져줬다고 할 수 있겠습니다.

더 클래쉬는 음악의 스펙트럼도 엄청나게 넓습니다. 펑크에서 레게, 스카, 디스코 심지어 뉴웨이브까지 다채로운 사운드와 급진적인 가사로 유명하죠. 근데 뉴웨이브를 하고서는 팬들에게 엄청나게 욕먹었다고 하더라고요. 그 앨범이 전혀 클래쉬스럽지 않은 앨범이긴 했어요.

더 클래쉬는 당시 영국의 마이너리티였던 자메이카 출신 이민자들과 음악적인 교류를 통해서 수많은 명곡과 사운드를 만들어내 현재까지도 많은 펑크밴드에게 존경을 받고 있습니다. 보컬 조 스트러머가 하늘나라에서 쉬고 계시는 바, 저는 이들의 라이브를 한 번도 못 본 게 정말 천추의 한이라면 한이에요.

이들의 패션 또한 오지게 세련되고 멋있어요. 제가 가끔 공연 때 혹은 멋 부릴 때 신는 흰색 조지콕스 구두를 사게 된 건 다른 어떤 이유도 아니고 오로지 더 클래쉬의 보컬 조 스트러머가 신어서 샀어요.

선생님, 제가 오지게 좋아하는 장르가 또 있는데 그건 다름 아닌 레게입니다!

듣고 있으면 어깨의 결림이 스르륵 사라지면서 몸의 긴장이 쑤욱 풀리고 더운 날씨엔 시원하게, 추운 날씨엔 마음을 따뜻하게 해주는 만병통치약 같은 음악이죠. 쌤요! 레게하면 또 누굽니까! 밥 말리 아임미까, 밥 말리!

그도 음악을 시작하던 초반에는 강경하고 분노에 가득 차 있는 가사가 많았는데 나이를 먹으며 세상을 바라보는 눈이 바뀌었는지 점점 사랑을 말하더라고요. 불이나 지르고 약탈하라는 가사는 사라지고 사랑을 노래하는 밥 말리를 보면서 저도 참 많은 생각을 하게 됐어요.

'세상을 바꾸는 것이란 무엇일까?' '무엇이 정답일까?'

밥 말리도 엄청 고민을 했던 걸 보니 '그 물음에 정확하게 대답할 수 있는 사람이 과연 얼마나 될까' 하는 생각이 들지 뭡니까.

내일 햇빛이 쨍쨍하면 좋겠습니다. 아이스커피 한잔 내려서 밥 말리 노래 짱짱하게 틀어놓고 여유 좀 부리게요.

꾸준함에

장사 없다

이성우

선생님 "꾸준함에 장사 없다"라는 속담 들어보셨어요? 제가 이 말을 참 좋아하는데요, 처음 시작은 미미하지만 계속 무언가를 하다 보면 뭐가 되어도 된다는 거죠. 그냥 꾸준히 하다 보니 고수가 되어 있는 그런 거요.

저 같은 경우엔 노래는 업이니 당연한 거고, 취미로 하는 케틀벨이 이 말에 딱 들어맞습니다. 제가 하는 음악은 워낙 체력이 있어야 하는 장르인데 관객들에게 허덕이는 모습 보여주기 싫어서 20대 때부터 집이나 헬스장에서 체력을 단련하곤 했습니다. 2000년대 초중반에는 몸 만드는 재미에 빠져서 공연 끝나고서도 운동하고 거의 운동 중독 상태였네요. 다음 날 컨디션에 지장이 올 텐데도 개의치 않고 운동했죠.

스트레칭도 없이 이렇게 극한까지 몰아붙이며 몸을 혹사하는 나날이 이어지다 보니, 보기에는 좋아 보이는 몸이었지만 오히려 몸의 균형은 깨졌고 여기저기가 많이 아팠습니다. 허리도 아프고 어깨도 아프고 그래서 한의원을 들락거렸어요.

그러다 2010년쯤인가 새로운 재미있는 운동이 있을까 싶던 중에 케틀벨이 눈에 딱 들어왔습니다! 센터에 등록하고 코치님에게 운동을 배운 첫날, 선생님 저 정말 깜짝 놀랐습니다. 코치님이 제게 어깨에 힘이 과하게 들어가 있으니 힘을 빼라고 말씀하시더라고요. 의식하고 다시 해보려는데 갑자기 몸의 관절이나 발가락 이런 게 생각처럼 움직이지 않는다는 사실에 충격받았어요.

그때 당시 양손으로 스윙 운동을 할 때 들었던 무게가 12킬로그램이에요. 그리 무겁지도 않은 무게인데 그때는 그것도 너무 힘들고 버겁더라고요. 몸에 힘은 과하게 들어가 있지만 효율적으로 쓸 줄을 모르니까 힘이 들어가야 할 곳에 안 들어갔습니다. 몇 개 하지도 않았는데 숨도 차고 정말 버거웠어요.

20킬로그램으로 프레스를 몇 개씩이나 시원하게 해내

는 사람들을 보면서 너무나도 부러웠죠. '난 언제 저렇게 할 수 있을까' 하며 들지도 못하는 20킬로그램짜리 케틀 벨을 괜히 집에 사다놓고 만지작거리며 '내가 언젠가는 이 무게를 들고 말겠다' 다짐했습니다.

시간이 흘러 케틀벨 코치님의 지도와 관심 아래 잘못된 자세로 고생하던 허리도 점점 안 아파졌어요. 그러자 욕심이 생기더라고요. 무게는 그냥 무게일 뿐이라는 이야기도 있지만 전 더 무거운 걸 드는 사람이 되고 싶었어요. 좋아하는 케틀벨을 정말 잘하고 싶었죠. 제가 아버지의 복수를 위해 밤낮으로 철사장을 연마하는 사람은 아니지만 못해도 일주일에 서너 번은 꼭 일과에 넣었습니다.

그리고 그로부터 11년이 지난 작년 어느 날, 집에서 운동하던 평소와 달리 오랜만에 케틀벨 센터에 놀러 갔어요. 갑자기 여태까지 들지 못했던 무게를 들어보고 싶다는 마음이 들더군요. 큰마음 먹고 선택한 무게는 40킬로그램. 어떻게 되었는지 아세요?

'뭐야… 가볍잖아?' 생각보다 무게감이 없었어요. 더 욕심을 내서 44킬로그램에 도전했습니다. 아니, 이게 되는 겁니다! '우와, 내가 양손 스윙이 44킬로그램도 가능한 사람이 되어버렸다고?! 이게 가능한 일이라고? 12년 전에는 12킬로그램도 덜덜 떨며 힘들어하던 내가 44킬로그램을 든다고?'

누군가에게는 뭐 그리 대단한 게 아닐 수도 있겠지만 저에겐 어마어마한 일이고 큰 변화였습니다. 얼마나 기뻤던지 집으로 가는 길에 콧노래가 절로 나오더라고요. 집에 가자마자 제가 사랑하는 두부와 넨네를 데리고 밖으로 나와 산책하면서 그 기분을 만끽했네요.

또 신나서 길게 얘기해버렸는데, 그래서 무슨 말이 하고 싶냐면요. 처음에 더럽게 못 하고 재능이 없다는 생각이 들더라도 꾸준하게 무언가를 하다 보면 뭐가 되어도 된다는 겁니다.

요즘 소위 말하는 '존버'라는 말도 있잖아요? 놀면서 존버 하지 말고 하고 싶은 걸 야금야금 하다 보면 어느샌가 전문가 발뒤꿈치 정도는 따라잡을 수 있는 거죠. 그걸로 돈까지 벌면 좋겠지만 못 벌어도 좋은 취미 하나 갖게 되는 것도 멋진 일이죠.

무엇이든 할까 말까 고민하는 친구가 있다면 무조건 하라고 말하고 싶습니다. "뭐라도 해봐! 별로면 어때. 때려치우고 다른 거 또 하면 되는 거지. 늦었다고 말해도 뭔 상관이야. 일단 저질러봐. 아니다 싶어서 후회하면 어때! 그땐 진심이었고 즐거웠잖아! 안 그래?!"

아닌가요, 선생님?

중요한 것은 자기 자신에 대한 믿음

한덕현

그럼요, 맞습니다.

다른 사람도 아니고, 성우 씨 얘기니까 더 신뢰가 가네요. 처음부터 노래 한 곡으로 한국 가요계를 평정한 것도 아니고, 대형 기획사의 주도 아래 공들여 만든 아이돌도 아닌 밴드. 공사판에서 삽질도 해보고, 서럽고 힘든 무명 시절도 겪어보고 25년 넘게 활동해도 공연 걱정에 잠드는 것도 부담스러워하는 그룹의 보컬이 '꾸준히 즐기다 보면 뭔가는 되어 있다. 아님 때려치우고. 다른 것도 있잖아?'라고 이야기하니 믿어야죠.

성우 씨가 결과를 예측하지 말고 시도해보는 것을 '저지른다'고 표현했지요? 제가 운동선수들에게 가장 많이 하는 말 중의 하나입니다. "일단 저질러보세요!"

운동을 잘하는 선수들 중에서 간혹 '입스'라는 현상이 나타날 때가 있어요. 십수 년 경력의 프로 골프선수가 갑자기 드라이버 스윙을 잊어버립니다. 골프채를 들었는데, 공을 때리지 못하죠. 고등학교 전국 대회에서 최우수 선수상을 받은 야구 선수가 공을 던지지 못하는 일도 있습니다.

이런 현상은 결과를 먼저 예측하는 데서 기인합니다. 내가 친 공이 삐뚤게 나갈 거야 혹은 내가 던진 공을 상대편이 잘 칠 거야 등, 스윙을 시작하기도 전에 공을 던지기도 전에 그 결과에 생각이 가 있으니, 스윙이나 공 던지는 것이 시작도 진행도 되지 않는 것이죠. 이런 선수들에게 많이 하는 말이 일단 스윙을 해야 결과도 나오고 공을 던져야 결과도 나온다는 말입니다. 결과야 어떻든 일단 저질러야 뭔가가 이루어지는 것이죠.

이렇게 몇 번 이야기를 나누어도 저지르는 선수와 저지르지 못하는 선수가 있습니다. 그 차이가 뭘까 하고 면담한 선수들을 쭉 분석해봤더니, 이 저지름을 부추기는 것이 바로 '자기 자신에 대한 믿음'이더라고요.

그 믿음은 겉으로 '나는 자신 있어' '내 자신을 믿어'

하는 식의 가짜 자기 믿음이 아니라 내 안에 숨어 있는 무의식적 믿음, 진짜 자기 믿음입니다. 이런 자신감은 어려서부터 부모님이 나를 믿어주고, 내가 나를 인식하기 전부터 외부에서 나를 믿어주는 경험 같은 것들로 형성됩니다. 만약 자신의 능력에 상관없이 시도하는 것을 별로 두려워하지 않는다면, 부모님을 비롯한 어린 시절의 주변 사람들에게 감사해야 하지요.

단, 너무 많은 것을 저질러만 놓고 노력은 하지 않는다면 그것은 산만하거나 충동성이 다분하다고 볼 수밖에 없어요. 제대로 저지른다는 것은 시작하고 꾸준히 노력하는 것까지 이어지는 것입니다.

이 꾸준함은 선천적으로 타고나기도 하지만, 무엇보다도 자기가 좋아하는 것, 관심 있는 것이 가장 관련이 있습니다. 그리고 또 하나의 요인이 주변의 칭찬입니다. 그런데 오늘 저와 똑같은 생각을 하는 유명 가수가 저질러야 한다고 하니, 정말 뭐라도 또 저지르고 싶네요.

흥해도 내 인생

망해도 내 인생

이성우

이제야 말할 수 있는데, 저 20대 때 참 막막했습니다. 하고 싶은 일은 있는데 길은 하나도 보이지 않고 주변 사람들은 다 반대하면서 조롱과 냉소만 보냈거든요. 박수받으면서 길을 떠나도 쉽지 않은 게 인생 사는 길인데, 박수는 고사하고 호의적인 이야기도 못 들으면서 걸었던 것 같습니다.

"음악 하면서 먹고살 수 있을 거 같아?"

"딴따라 하면 밥이 나오냐? 죽이 나오냐?"

"너 분명 나이 먹어서 후회할 거야!"

뭐 이런 말들을 수없이 많이 들었어요. 어차피 인생에 정답은 없다고 되뇔 수밖에요. 한 번뿐인 인생인데 남이 살라고 하는 대로만 하며 살고 싶지도 않았습니다. 그런 인생은 초등학교부터 고등학교 때까지만으로도 충분했어요. 이리저리 끌려다니는 인생은 엿이나 먹으라고 해주고 싶었습니다. 나도 나를 모르겠는데, 어쩜 사람들은 그렇게 남을 다 아는 것처럼 말도 쉽고, 길도 대신 정해주는 걸까요. 다 나 잘되라고 하는 충고가 아니라 저를 옥죄는 쇠사슬 같았어요.

그런데 이상하게 더 오기가 생기고 해내고 말겠다는 의지가 강해지더라고요. 그저 저를 믿고 또 믿었습니다. 그 믿음을 저 멀리서 희미하게 보이는 희망의 등대 삼아 걸어가는 수밖에 없었죠. 말하자면 망해도 내 의지로 망하고 싶었던 겁니다.

그렇게 묵묵히 일단 걸었더니 제가 지나온 길이 그대로 길이 된 건지, 제가 어쩌다 길목에 들어선 건지, 주변엔 저와 함께 걸어가는 동료들이 하나둘씩 생겼습니다. 작았던 제 목소리도 점점 커지고 제 이야기에 귀 기울여주는 사람들이 많아진 겁니다.

지금 누군가 다시 저에게 "너 음악 하는 거 후회하지 않을까?"라고 예전에 숱하게 들은 그 질문을 한다면 저는 1초의 망설임도 없이 답할 수 있습니다.

"그런 말 해줘서 정말 고마워. 덕분에 내가 후회 안 하려고 열심히 했나 봐."

선생님, 저는 우리 모두가 각자의 미래는 각자의 생각보다 더 멋질 수 있다는 걸 믿으면 좋겠어요. 그리고 보니 선생님께서는 유학을 떠나실 때, 어떤 마음이셨어요? 선생님은 미래에 대해 긍정적이셨나요?

지금 힘들다면
잊지 말아야 할 것

한덕현

정신건강의학과 안에서도 저의 주된 전공 과목은 스포츠 정신의학과 소아청소년 정신의학입니다. 소아청소년 중에서도 게임과 관련된 연구를 주로 하죠. 유학을 갔던 건 학생 때 좋은 경험을 한 적이 있어서 전공을 하고도 미국에서 꼭 한 번은 공부해보고 싶었기 때문입니다.

그런데 학생 때의 좋은 경험은 정말 우연에서 시작했습니다. 대학에 들어온 뒤 온 세상이 재미로 가득 차 있던 2학년 방학 어느 날이었습니다. 전날 마신 술이 덜 깨 아침 늦게까지 자고 있는데, 아버지가 제 머리 위에 봉투를 하나 툭 던지시더군요. 봉투 안에는 여권과 3일 뒤 미국으로 떠나는 비행기표 그리고 편지 한 장이 들어 있었습니다. "아들, 이것마저 안 따라오면 용돈과 학비를 비롯한 모든 지원을 끊겠다."

방학 내내 여행 계획은 물론 놀 준비를 완벽하게 해놓은 상태였는데, 갑자기 날벼락이었죠. 저희 아버지는 원래 말씀이 많으신 분인데 이렇게 간단히 한 문장으로 말씀하신 것은 정말 그렇게 하시겠다는 표현이었거든요. 그래서 아무런 준비 없이 미국에 가게 되었습니다.

말이 잘 안 되니까 미국에 도착한 날부터 이민국에 끌려가 3시간 동안 심문 받고 고생하다 나왔습니다. 어학연수 센터에 등록하는 것도, 유치원생 수준의 완전 초급반에서 다음 레벨 반으로 반을 옮기는 것도 우여곡절이 많았죠.

처음에는 '그냥 집에 있을걸, 용돈이 끊기면 아르바이트라도 해서 벌고 그 돈으로 친구들과 재밌게 놀면서 지낼 걸 그랬어' 하는 후회가 물밀 듯 있었지만, 차츰 '나에게 이런 면이 있었네?' '다급해지니까 살기 위해 별짓을 다 하네' 이런 생각이 들면서 나 자신을 다시 보게 되었습니다. 그리고 '의사가 되면, 꼭 미국으로 다시 온다. 와서 이렇게 다양한 시도를 할 수 있는 기회를 다시 한번 잡아보겠다'라는 생각에 이르게 되었죠.

그래서 소아청소년 세부 전공 전문의 자격을 취득한 후 미국으로 가려고 노력하던 중, 미국 보건복지부NIH에서 공부시켜주는 연구 펠로우 제도가 있어서 얼른 지원했습니다. 당시 우리나라에서는 스타크래프트 붐이 일었는데, 과도한 게임 이용 때문에 청소년들 사이에서 문제가 발생한다는 말이 많았어요. 그래서 게임이 뇌에 미치는 영향을 공부하겠다는 프로포절을 써서 보냈더니, 떡하니 당첨이 되었죠. 이왕 가는 거 미국에서 제일 좋은 하버드대학으로 가겠다고 해서 제 스승님을 만나게 되었습니다.

저는 성급한 성격(제가 보기보다 성급합니다…)에 게임이 얼마나 나쁜지 연구할 계획을 잔뜩 세워 첫 연구회의 때 발표했죠. 그런데 누군가 질문을 던졌습니다. "게임의 중립적 자극은 뇌에 어떤 영향을 미치나요? 뇌의 어느 부위가 자극되나요? 그 부위가 많이 자극되면 뇌에 부정적 영향을 끼치나요?" 저는 한마디도 하지 못했습니다. 그 당시 제가 찾은 자료와 연구되었던 결과 대부분이 그런 질문에 대답하지 않은 채, 곧바로 게임은 뇌를 녹인다, 게임은 뇌에 부정적인 영향을 끼친다고만 했거든요. 그래서 중립적인 연구를 하기로 다시 계획을 잡았습니다.

본격적인 중립적 게임 뇌 연구를 하게 되었을 때, 저는 또 왠지 모를 애국심이 발동해 한국 게임을 이용하여 연

답답해서 찾아왔습니다

구하겠다고 연구회의 시간에 큰소리쳤습니다. 당시에는 일본 닌텐도 게임, '슈퍼 마리오 브라더스'로 많이 연구했거든요. 그런데 흔쾌히 호응해줄 줄 알았던 한국 게임 회사들은 자신들의 게임을 연구에 이용하지 못하게 했습니다. 이전 연구자들이 하도 게임의 부작용만 이야기해댔기에 마음의 문을 닫아버린 것이죠.

수많은 우여곡절 끝에 시작된 저의 게임 연구는 일반 정신과 의사들이 하는 부정적 결과의 연구와는 달랐습니다. 그래서 한국으로 돌아와 교수 생활을 시작한 뒤 연구비를 받거나 학회에서 발표할 때 정말 어려움이 많았죠. 또 논문을 써서 저널에 보내면 거부당하기 일쑤였고요.

속상한 마음에 한번은 미국에 잠깐 방문하였을 때, 스승님께 찾아가 투정을 부리기도 했습니다. 그때 스승님이 그냥 부정적 연구를 시작하게 놓아두셨다면 지금 이렇게 힘들지는 않을 텐데, 괜히 중립적 연구를 시작하여 학회 주류에 들지도 못하고 이 어려움을 겪게 되어 후회한다는 이야기였죠.

스승님은 동그란 안경 너머의 두 눈을 더 동그랗게 뜨시면서, '지금 네가 힘들다는 것이 커가고 있다는 것이다. 안 된다는 것은 누군가가 너를 견제하는 것인데, 그만큼 네가 큰 것이다'라며 위로 아닌 위로를 건네주셨습니다. 그러곤 함께 햄버거를 먹으며 스마트폰게임 캔디 크러쉬에 대한 이야기를 나누고 헤어졌습니다.

돌이켜보면, 중립적 연구가 오늘 우리 연구팀의 정체성이 되어 더 다양한 분야로 나아가고 있지 않나 싶습니다. 게임이 뇌에 미치는 기전을 중립적으로 알아내야 했기에, 한 단계 더 손이 가는 연구 디자인을 해야 했고, 결과에 대한 고찰도 두 방향 다 생각해야 해서 조금 더 깊어졌습니다. 그 모든 과정들이 오늘날 게임을 통한 치료제를 기획하고 만들고, 환자들에게 시도해볼 수 있는 자양분이 되지 않았나 생각이 듭니다.

너 음악 하는 거 후회하지 않을까?

고마워, 덕분에 내가 후회 안 하려고 열심히 했나 봐.

록커가 아이돌을 좋아하다니

이성우

2015년 가을쯤이었던 거 같아요. 제주도에서 공연이 있었는데 보통 저녁에 공연이 끝나면 비행기 시간 때문에 하루 자고 가는 게 국룰이었어요. 그때 묵었던 호텔에선 함께 공연한 밴드들과 우리 멤버들의 시끌벅적한 뒤풀이가 있었는데 전 그날따라 그냥 조용히 쉬고 싶었어요. 따뜻한 물로 공연에서 흘린 땀들을 씻어내고 또 그날따라 집에서는 잘 보지도 않는 TV를 켜고선 침대에 누워서 보고 있었죠.

그때 피아노 전주와 함께 뱅그르르 돌면서 해맑은 표정

으로 노래를 부르는 소녀들이 나왔는데 저도 모르게 볼이 발그레해지면서 눈이 똥그래지더니 숨죽이면서 지켜보았죠. 처음엔 "내가 이 나이에 무슨 이런 아이돌을 좋아해!"라며 제 자신의 감정을 부정하기도 했지만 소용없었죠. 좋아하는 마음을 억누르고 감추면서 나 자신을 속이고 싶지 않다는 생각이 컸거든요. 고요한 제 가슴에 돌을 던진 이 여덟 소녀들의 이름은 바로 러블리즈!!

러블리즈를 좋아한다는 마음을 SNS에 표현한 후 응원해주는 사람들도 있었고 "무슨 록커가 아이돌을 빠냐!"라며 야유하는 사람들도 있었지만, 제가 좋은데 무슨 상관입니까?! 그때는 지금 내가 가지고 있는 이 느낌은 살아 있는 동안 다시는 느낄 수 없을지도 모르니 놓치고 싶지 않다는 마음이 컸던 거 같아요.

지성이면 감천인지 저의 마음이 그녀들의 귀에도 흘러 들어가고 그 후 함께 연말 무대를 꾸미며서 검색어 순위 1위와 2위에 노브레인과 러블리즈가 엎치락뒤치락하는 걸 보고 괜히 뿌듯해서 밤잠을 설치기도 했어요.

또 MBC TV 〈나 혼자 산다〉를 통해 덕밍아웃하면서 누군가를 좋아하고 응원하는 마음은 숨길 필요가 없다는 걸 제가 몸소 보여주기도 했네요. 아이돌을 좋아하는 건 축구팬이나 야구팬이 좋아하는 팀을 응원하는 것과 같다는 걸 보여주고 싶었어요.

선생님, 제가 좋아하면서도 싫어하는 말이 있는데, 바로 '시작이 있으면 끝이 있다'입니다. 만남이 있으면 헤어짐이 있기 마련인 게 세상의 이치죠. 맞는 말이지만 저에게는 너무 잔인하게 느껴졌어요. 러블리즈와도 헤어짐이라는 시간이 다가왔습니다. 그룹을 해체한다는 겁니다. 이젠 8명이 함께하는 무대가 아닌 각자 개인의 무대를 응원해야 하는 시간이 오게 된 거예요.

머리로는 백번 이해하고 당연한 수순이라 생각하면서도 제 가슴은 왜 그리 받아들이지 못하는 건지…. 개개인의 활동이 결정된 날은 속상한 마음을 참을 수가 없어서 술을 들이붓고 또 들이부었습니다. 당분간은 여덟 명의 소녀들의 무대를 볼 수 없다는 사실이 너무 믿기 힘들었고 그녀들과 쌓아왔던 추억들이 산산이 조각나는 듯한 기분이 들었거든요. 다음 날 그녀들의 동영상 클럽을 보는데 보기가 힘들어서 꺼버렸어요. 하필이면 제가 입덕한 노래 〈Achoo〉가 나와서 눈물이 주르륵 흐르는데… 주책바가지죠?

지금도 그녀들의 노래를 들으면 울컥울컥하네요. 앞으로 그녀들의 개인 활동을 열심히 응원해야죠. 요동치는 이 마음 가라앉혀야 하는데….

선생님, 근데 록커가 이래도 되는 건가요?

답답해서 찾아왔습니다

페르소나와

그림자

한덕현

20년 전, 아니 30년 전쯤인가 아이돌 1세대로 최고 인기
를 누리던 한 멤버가, 록을 하겠다고 선언해 엄청난 논란
이 되었던 일이 문득 생각나네요. 음악에 문외한인 저로
서는 그 당시에도 그렇고 지금도 그렇고, 왜 그렇게 논란
이 되어야 하는지 이해를 잘 못 했지만, 오늘 성우 씨의
이야기를 들으니까 조금은 이해가 되는 것 같습니다.

같은 가수지만, 록커와 아이돌은 표현에 있어서 차이
가 많은 것 같아요. 격렬하고, 거칠고, 있는 그대로의 감정
을 가장 극적으로 처절하게 표현하여 보는 사람들로 하

여금 이 이상의 감정은 없다는 것을 느끼게 해주는 록커. 3명이든 10명이든 상관없이 한 사람의 팔 동작이 다른 멤버의 팔 동작과 맞아떨어지고 무대에서 발걸음 하나는 물론 웃는 입술의 각도 하나까지도 연출되어 자신의 감정을 정제하여 표현해야 하는 아이돌. 그런데 지금 경력 25년 넘은 록커가 아이돌을 보고 위로를 느끼고, 그 위로가 사라질까, 혹은 줄어들까 걱정하고 있네요.

저에게 상담을 오던 몇몇 아이돌들이 가장 힘들어하던 부분이 자신이 하고 싶은 노래와 춤을 하지 못한다는 것이었어요. 그리고 자신이 뮤지션인지, 연기자인지 구분이 안 돼 많이 힘들다고 했어요. 그들이 가장 하고 싶은 것은 무대에서 자신이 원하는 대로, 그냥 생각나는 대로 움직이고 노래 부르고 싶다는 것이었습니다.

사람은 자신의 감정을 모두 방출한다고 해서 속 시원하고 좋은 것만은 아닙니다. 걷잡을 수 없는 무의식적 감정이 폭발되어 나오면 이를 처리해야 하는 '의식'이 능력의 한계를 느끼고 불편감을 느끼게 되는데, 우리는 이것을 '불안'이라고 하죠. 즉, 폭발되어 나온 감정이 현재의 나에게 해를 끼치는 정보를 충동적으로 흘린 것은 아닌지 순간 걱정이 되는 것이죠. 따라서 록커도 사람인지라 감정의 폭발을 일으키고 나면, 허전함과 우울함이 동반됩니다.

칼 구스타프 융에 따르면, 인간의 마음구조는 페르소나와 그림자로 되어 있다고 합니다. 페르소나는 다른 사람을 상대할 때 나타나는 자기 모습을 말합니다. 그림자는 그 페르소나 밑에 숨어 있는 또 다른 나의 모습을 이야기하죠. 흔히 이 페르소나와 그림자가 반대라고 합니다. 그래서 사람들은 자신의 외부에 있는 사물과 현상들만 현실로 생각하기 때문에 자기 마음속에 있는 자신만의 세계가 발현되지 못하게 무의식적으로 억누르고 있어요. 그러다 우연히 자신에게 반대의 성향이 있다는 것을 알게 되었을 때, 두려움 없이 무작정 따라가보는 것이죠.

30여 년 전 아이돌 멤버가 록커의 소망을 이야기했을 때, 비난한 대중이나 옹호한 대중이나 모두 페르소나와 그림자의 동상이몽의 불안감을 표현했던 것은 아닐까 싶습니다.

가수 인생 평생을 록커로 살던 성우 씨께서도 어쩌면 그림자에 갇혀 있던 또 다른 형태의 자신의 모습을 보고 그것을 따라가고, 좋아하고 있는 것은 아닐까요. 그리고 감정의 폭발 때마다 느껴오던 불안함과 두려움이, 절제된 감정 표현과 짜인 각본 안에서 안전하게 예술 활동을 하는 아이돌을 보며 위로를 느낀 것이죠.

회사 생활을 하는 사람들은 같이 일하는 직장 동료에

게서 전혀 다른 모습을 볼 때가 있지요. 평소 말 한 마디 제대로 못하던 사람이 상사에게 부당한 대우를 받고 있는 팀원들을 대신해서 따박따박 따지는 모습 같은 거요. 평소 내성적인 이 사람의 그림자는 자신의 마음을 논리적으로 잘 표현하는 외향적 그림자일지도 모릅니다.

또 매번 덤벙대고, 항상 실수만 하는 동료가 말도 안 되는 양의 일이 갑작스럽게 우리 팀에게 주어졌을 때, 놀라운 리더십을 발휘하며 체계적으로 일을 진행하는 모습을 본 적도 있을 겁니다. 우리는 깜짝 놀라며 마음속으로 이런 생각을 하죠. '아니, 저 친구에게 저런 면이 있었네?'

그래서 사람은 같이 지내봐야 안다고 하죠. 어려워져 봐야 그 사람의 진면목을 알 수 있다는 말도, 그래야 그림자에 가려져 있던 그의 다른 모습을 볼 수 있기 때문에 나온 듯합니다.

제 개인적인 호기심이지만, 노브레인 멤버들이 깔끔한 유니폼을 입고서, 팔 동작, 걸음걸이 하나하나 맞춰 칼 군무를 추며 공연하면 대중들의 반응이 어떨지 상당히 궁금하네요.

유튜브라는 세계

이성우

제가 세상의 많은 신문물을 받아들이게 된 건 러블리즈 덕분이라고 해도 과언이 아닙니다. 세상에 이렇게 많은 인터넷 커뮤니티가 있는 줄도 몰랐고, 음악은 무조건 CD를 MP3파일로 전환해서 들어야 하는 제게 유튜브는 뮤직비디오나 보는 용도였습니다.

러블리즈를 좋아하면서 그녀들의 무대 반응과 팬들의 활동을 따라가고 싶어서 커뮤니티를 들락날락하게 되었고, 러블리즈의 노래가 순위에 올라가게 하기 위해 스트리밍 사이트에서 열심히 음원을 돌리게 되었죠. 또 미처

보지 못한 러블리즈 클립 영상들을 보기 위해 유튜브를 틀게 되었습니다.

저도 얼마 전부터는 직접 유튜브를 하기 시작했으니, 지금은 제 생활에 꽤 깊숙이 파고들었다 할 수 있죠. 친구 생일에 남자 셋이서 커피 마시고 노는 모습을 시작으로 소소한 저의 생활을 유튜브를 통해 보여주고 있습니다. 반려견 두부 넨네와의 산책이나 요리하는 모습, 맛집 소개도 했고요. 제가 좋아하는 사람들의 살아가는 모습들도 보여줬습니다.

유튜브로 특별한 욕심은 없습니다(물론 잘되면 좋지만요). 누군가는 뒤늦게 무슨 유튜브냐 하기도 하지만, 그냥 촬영부터 편집까지 스스로 해냈다는 사실이 참 좋은 것 같습니다. 다음에 선생님하고 밥 먹으면서 이런저런 이야기하는 거 찍어도 재미있을 것 같은데, 출연해주실 거죠?

저도 제가 이렇게까지 유튜브를 애용할 줄은 몰랐습니다. 아들 둘을 키우는 친한 동생과 이야기를 나누는데 자기 애들은 궁금한 게 있으면 유튜브로 검색한다더라고요. 이 얘기를 들었을 당시만 해도 저는 유튜브로는 음악만 들었지 정보를 얻을 수 있을 거라곤 생각 못 했기 때문에 아주 신선한 충격을 받았던 기억이 있어요.

그런데 이젠 요리 레시피는 물론 여러 다양한 것들을 검색하며 그 친구네 애들보다 제가 더 많은 정보를 얻어

가는 것 같아요. 예전에는 왜 보는지 이해 못 했던 먹방도 즐겨 보게 되었고요. 오늘은 제가 어렸을 때 했던 추억의 게임들도 대신 클리어 해주는 콘텐츠도 봤습니다.

명리학을 공부하시던 어떤 분의 말씀이 생각나네요. "이제 세상은 당연했던 것이 당연하지 않게 되고, 당연하지 않았던 것이 당연하게 될 것이야." (와따마, 따라가기 힘드네. 나만 그런가?)

근데 갑자기 든 생각이, 우린 무언가를 누가 대신 해주는 걸 보면서 대리만족하는 일에 익숙해진 것 같아요. 게임도 대신 클리어 해주고 음식도 대신 먹어주고…. 대신 해준다고 표현하는 것부터 좀 묘하다는 생각이 드네요. 예전에 대신 게임을 해준다, 대신 먹어준다 이러면 "뭐 이런 미친놈들을 다 봤나"며 욕을 바가지로 들었을 것 같은데 말입니다. 게임은 직접 하면서 깨야지 재미있는 거고 음식은 다른 사람 아닌 내 입에 들어가서 배가 불러야…. 이러다가 내 인생도 대신 살아달라고 하는 말도 나오는 게 아닐까요.

맞아요, 선생님. 이러면 저 꼰대죠. 영상을 만드시는 크리에이터들을 깎아내리는 건 절대 아니니 선생님께서도 오해는 하지 말아주셨으면 합니다. 그냥 다 보고 나니깐 이런 생각이 들었다라고 말하는 겁니다. 하하.

덕현 선생님, 우리는 왜 다른 사람의 먹방을 볼까요?

우리가 스포츠 경기를 보면서 희열을 느끼는 감정과 같은 걸까요? 다르다면 과연 어떻게 다를까요?

답답해서 찾아왔습니다

투사, 전치 그리고 메타버스

한덕현

어릴 적 많이 불렀던 '텔레비전에 내가 나왔으면 정말 좋겠네'라는 노래 기억하시죠? 요즘 시대에 옛날 사람과 요즘 사람을 구분하는 단어로 텔레비전과 TV가 있다 하더라고요. 저는 옛날 사람이라 TV보다는 테레비 혹은 텔레비전이 익숙해 무의식중에 이야기했다가 제자들에게 크게 놀림을 받곤 합니다.

요즘 유튜브를 보면, 개인의 사생활을 그냥 올려서 다른 사람이 그것을 보고 즐긴다는 개념에서 1998년에 나온 짐 캐리 주연의 영화 〈트루먼 쇼〉가 떠오릅니다. 과거에는 스타들의 사적인 이야기나 생활을 TV 토크쇼에 나와 이야기하는 것에 관심을 가지는 정도였는데, 이제는 아예 카메라가 온종일 따라다니는 다큐멘터리 수준의 보여줌이 모든 예능의 대세가 되었습니다. 유튜브에서는 여기서 더 나아가 하나의 포맷이 되었고요.

아직 저는 제 개인 생활을 담은 유튜브를 찍어본 적도 없고, 유명인이 아니어서 생각해본 적도 없습니다만, 성우 씨가 하시는 유튜브라면, 떨리는 마음으로 출연하여 당당하게 뒷모습을 보여드리도록 하겠습니다.

우리가 스포츠 선수나 연예계 스타를 볼 때 가장 많이 갖는 마음이 투사projection와 전치displacement가 아닐까 싶습니다. '투사'란 자기가 받아들일 수 없는 무의식적 욕구나 감정적 태도를 자신의 것으로 인정하지 않고, 다른 사람의 마음으로 돌리는 심리적 기전을 말합니다. 즉 내가 저 사람을 싫어하는데, 그렇게 이야기하기 어려우니까 저 사람이 나를 싫어한다고 적반하장으로 이야기하는 경우죠.

이와 비슷한 기전에 '전치'가 있습니다. 어떤 대상이나 사람에 대한 감정 혹은 갈등을 보다 덜 위협적인 대상이나 사람에게 돌리는 행위를 말합니다. 종로에서 뺨 맞고 한강에서 화풀이하는 격이 그것이죠.

그런데 이런 투사나 전치 모두 다른 사람 혹은 대상의 감정을 대신 받아내는 것이니까 받는 사람은 힘이 듭니다. 이렇게 한 명의 마음을 받는 것도 힘든데, 수백, 수천, 수십만 명의 감정을 받는 것은 당연히 상상할 수 없을 정도로 힘들죠. 이런 투사나 전치의 감정이 부정적인 극단으로 치닫게 될 때 감당하지 못할 스트레스로 유명인들이 극단적 선택을 하는 경우가 종종 있습니다.

　　그렇다면 먹방을 즐겨 보는 사람들의 심리는 뭘까요. 일종의 대리 만족이죠. 나도 저렇게 먹고 싶은데, 살찔까 봐 못 먹는다고 생각하는 사람도 있고, 나 대신 저렇게 맛있게 먹어주니 정말 좋다는 사람도 있을 겁니다.

　　저는 아침에 헬스클럽 러닝머신을 뛰면서 '먹방계의 무한도전'인 〈맛있는 녀석들〉을 봅니다. 저는 대식가이기는 하지만 나름 성인병 예방과 몸 관리를 위해서 음식을 조절하려고 애를 쓰죠. 그래서 〈맛있는 녀석들〉 출연진분들이 정말 어마어마하게 드시는 것을 보면 카타르시스를 느끼며 스트레스가 쫙 풀립니다. 아침에 운동할 때 그 프로를 보면서 러닝머신에서 달리면 '나도 저렇게 먹어볼까' 하는 생각이 드는데, 정말 제가 먹은 것처럼 기운도 나고 달리는 것이 별로 힘들지 않더라고요.

　　그런데 이렇게 보기만 하는 시대를 지나서 이제 내가 조절할 수 있는 시대가 왔어요. 가상 공간에서 나 대신 가상 인물이 먹게 하고, 그 만족감도 표현할 수 있게 만든 '메타버스'라는 공간이 생긴 거죠. 이런 메타버스 공간에서 위에 이야기한 가장 기본적인 심리 외에 다양한 인간의 심리가 어떻게 구현될지 정말 궁금합니다.

저 개인적으로는 현장의 무대에서 듣는 노브레인의 펑키 리듬을 가상 공간에서 들을 때 어떤 차이가 날까 궁금하기도 합니다. 잘 발달한 가상 공간이면 영원히 20대인 노브레인 멤버들의 노래를 들을 수 있을 텐데, 40대의 노브레인과 20대의 노브레인의 음악이 어떻게 달라졌는지, 또 노브레인의 음악에 과연 '노련함'이 더해지는 것이 득이 될지 실이 될지도 궁금하네요.

사람은 자신의 감정을 모두 방출한다고 해서 속 시원하고
좋은 것만은 아닙니다. 걷잡을 수 없는 무의식적 감정이
폭발되어 나오면 이를 처리해야 하는 '의식'이 능력의
한계를 느끼고 불편감을 느끼게 되는데, 우리는 이것을
'불안'이라고 하죠.

내가
욱하는
순간들

이성우

저는 종종 욱할 때가 있습니다. 오늘도 그렇습니다. 러블리즈가 해체해서 제 심기가 좀 예민한데 솔로 활동을 기대하며 마음을 다스렸다가도 "에라이 잘 해체했다! 솔로 뭐잘 되겠어?"라는 비아냥에는 그냥 눈이 뒤집힙니다. 그렇다고 이 나이 먹고 키보드워리어가 될 수도 없고 직접 찾아가서 따질 수도 없는 일…. 화는 나지만 참을 수밖에요.

얼마 전에 나를 크게 흥분을 시키거나 화나게 하는 일을 '발작 버튼'으로 표현한 기사를 읽었습니다. 그래서 저도 생각해보았어요. '나에게 발작 버튼은 뭘까?' 생각해

보니 하나하나 나열하기도 벅찰 정도로 많은데, 흔히 그렇겠지만 제가 사랑하고 응원하는 대상에 대한 공격을 참지 못하는 것 같습니다. 대상을 좁히고 좁혀서 꼽아보자면 러블리즈와 우리 댕댕이들이죠.

반려견 두부 넨네와 산책하다 보면 횡단보도를 건널 때가 많은데, 간혹 횡단보도 신호가 파란불이어도 쌩 지나가는 차가 있어요. 어린아이가 지나가는 상황에도 댕댕이들이 지나가는 순간에도 예외는 없죠. 하루는 파란불에 한 어린이가 횡단보도를 건너는데 차가 슬쩍 피해서 가는 걸 보곤 정말 아찔했습니다. 사고 안 나서 정말 천만다행이었죠. 사람 나고 차가 났지, 차 나고 사람 났냐?! 신호가 없는 횡단보도에서 두부 넨네와 가고 있는데 빨리 가라고 빵빵거리면 아오! 확마! 인류애가 사라집니다.

이런 이야기를 하면 제가 운전면허가 없어서 그렇다는 사람도 있는데, 그딴 식으로 운전해야 한다면 전 평생 운전면허 안 따고 운전 안 하고 만다 싶더라니까요.

그러고 보니 지하철을 탈 때도 발작버튼이 눌립니다. 제발 좀 지하철 문이 열리면 무작정 밀고 들어와 타지 말고 내릴 사람이 내리면 탔으면 좋겠습니다. 사람이 내리기도 전에 꾸역꾸역 끼어드는 사람 정말 못났고 멋없어 보이더라고요. 아무쪼록 서로 인상 구겨질 일은 피하고 싶습니다.

보편타당성과 콤플렉스

한덕현

성우 씨가 말한 상황들은 어쩌면 누구나 다 화가 나고 짜증 날 만한 일이에요. 그런데 같은 상황에서도 유독 나만 그렇게 기준 이상의 화를 내고 있다면, 그것은 나의 콤플렉스인지도 한 번쯤은 생각해봐야 합니다.

성우 씨가 앞서 언급한 상황들을 보고 '아 짜증 나' 이렇게 생각한다면 그것은 보편타당한 것인데, '그래 한번 끝장을 내보자' 하는 것은 콤플렉스일지도 모른다는 말입니다.

보편타당성이란 누구든지 그 정도의 일과 사람을 만나

면 일정한 정도의 감정을 느끼고, 예상되는 행동을 하는 것을 말합니다. 반대로 콤플렉스는 옆에 있는 사람이 놀랄 정도로 예상하지 못할 일에 예측되지 못하는 정도의 감정 표현을 하는 것을 말합니다.

누구나 다 화가 나는 일이 있고, 나만 더 화가 나는 일이 있으며, 다른 사람은 전혀 화가 안 나는데, 나만 화가 나는 일이 있습니다. 그리고 나만 화를 내고 있으면, 오히려 다른 사람에게 왜 이런 상황에 화를 안 내냐고 하고 싶을 정도로 부당한 일이라고 생각되는 일도 있죠.

키가 작은 사람 중에서도 대화 중, 키 얘기만 나오면 예민하게 반응하는 사람이 있는가 하면, 별 반응 없는 사람도 있고, 오히려 자신의 작은 키를 캐릭터로 이용하여 대중의 관심을 얻는 사람도 있습니다.

키가 작으면 별로라는 일부 사람들의 보편적 생각에 동조하며 자신의 단점을 극히 자신 없어 하면 예민해지는 것입니다. 반면에 그것은 너희들 생각이고, 작은 키의 나는 이렇게 살아왔고 사는 동안에 이렇게 재미난 일과 사람들의 관심을 받았다는 생각으로 일부 사람들의 보편성을 뒤집어버리는 사람도 있죠. 공교롭게도 예민하여 화를 내면 다른 사람들이 반응을 보이지 않지만, 유머나 재치로 다른 사람들의 생각을 바꾸려 하는 시도에는 반응을 보입니다.

학창 시절 저의 콤플렉스는 다른 의대생들에 비해 머리가 (지능이) 별로 좋지 않다는 거였습니다. 그런데 노력을 할 수 있는 체력은 뛰어났죠. 남들 한 번 공부할 때, 두 번 세 번 해서 겨우 다른 사람의 평균을 맞췄습니다. 그렇다 보니 공부를 요령 있게 한 번에 싹 끝내는 사람들을 보면, 많이 부럽고 얄미울 때도 있었습니다. 정확하게는 지능 대신 노력할 수 있는 체력을 가졌다는 것이 콤플렉스였던 것 같습니다.

그런데 그 콤플렉스 덕분(?)인지, 저는 노력하는 운동선수들이 참 좋습니다. 그래서 스포츠 정신의학을 통해 그 선수들과 대화하고 어떻게든 같이 요령을 생각해보려고 하는 건지도 모르겠습니다. 나 스스로에게 항상 물으며 고민하고 속상해했던 일들이 스포츠 정신의학을 시작하게 한 계기일지도요.

저 같은 사람들 깨우치라고 좋은 가르침을 주신 고대 철학자가 소크라테스입니다. 철학의 아버지라고 해도 무방한 철학자 중의 철학자로 불리는 이 유명한 분은 소위 '산파술'을 활용하여 서로 논쟁하는 사이에 잘못된 판단의 모순을 스스로 깨우치고 다시 옳은 판단을 하도록 유도했습니다.

소크라테스는 다른 사람의 생각이 틀리고 잘못되었더

라도 절대 유식한 논리로 더 세게 다른 사람을 찍어 누르지 않습니다. 대신 다른 사람이 이야기할 때, 자신이 궁금한 점을 질문합니다. 그렇게 해서 상대방이 잘못된 점을 깨닫게 하는 것이죠. 상대방의 이야기를 듣다가 혹시 내가 틀리면 나의 생각을 바꾸면 된다는 겸허하고 낮은 자세에서 시작한 것입니다. 그런데 가만 보면 겸손함보다는 상대방이 왜 그렇게 생각하는지 나름 이유가 있을 거라는 여유에서 시작한 것이 아닐까 싶어요. 요즘 같은 때 우리에게도 필요한 자세가 아닐까 싶습니다.

뒤늦은 미안함 그리고 쓸쓸함

이성우

선생님, 제게는 그리 친하지는 않았지만 그냥저냥 인사나 하면서 지내는 후배 한 명이 있었어요. 밴드 하던 친구였는데 음악으로는 잘 풀리지 않아서 회사에 다니며 밴드를 했죠.

가끔 페이스북으로 어떻게 지내는지나 보던 동생이었어요. 더 정확하게는 평소 꼴통 짓을 엄청나게 하다 보니 오늘은 또 어떤 꼴통 짓을 했나 싶어서 SNS로 들여다보는 정도였죠. 친한 친구랑 싸운 이야기, 여친과 싸운 이야기, 술 마시고 깽판 친 이야기, 정신과 약을 엄청 때려 먹는다는 이야기까지….

어떻게 보면 본인의 치부일 수도 있는 이야기를 아무런 거리낌 없이 적어놓은 걸 보며 좋아요도 누르기가 쉽지 않았네요. 가끔 힘내요 버튼이나 누르고 그 친구의 의견에 소심하게 동의해주며 응원하곤 했어요.

하지만 쉴 틈 없이 소소한 사고를 치며 주위와의 마찰을 일으키는 글들을 보면 눈살이 찌푸려지는 것도 사실이었어요. 대체 언제 철들려고 저러는지 주변에 말리는 사람은 없나 하며 한심한 시선으로 바라보게 될 때도 많았고요. 그의 피드에는 긍정적인 이야기들보다 부정적인 이야기들이 가득해서 어느 순간 눈길이 덜 가기도 했고, 특별히 만날 일도 없으니 그 친구의 존재가 저에겐 희미해졌어요. 그렇게 한동안 소식을 모르고 지냈죠.

그러다 얼마 전에 문득 그 친구는 어떻게 지내나 싶더라고요. 그런데 선생님, 그 꼴통 친구는 이젠 더 이상 이 세상에 존재하지 않는 사람이었습니다. 그 친구의 피드에는 지인들의 추모글이 가득했어요.

순간 너무나 깜짝 놀랐습니다. 소식을 알고 다른 어떤 일들도 손에 잡히지 않았습니다. '언제 철들래?'라며 그 친구를 한심하게 생각했던 제 자신이 싫어졌어요. 그렇게 생각했던 제 자신에 대해 죄의식이 들어 제 마음은 감당하지 못할 정도로 어두워졌죠. 그 친구에게 사과하고 싶지만 이젠 그 어떤 말도 전할 수 없네요….

손을 모으고 그 친구의 안위를 위하여 그리고 나의 나쁜 마음을 용서해달라며 하늘을 보면서 기도하는 수밖에요. 그리고 그 친구에게는 마음속으로 이렇게 말해주었습니다.

"꼴통이면 어떻고 철 안 들면 어때. 너란 이름은 오직 너를 위한 거였는데. 이제 두 번 다시 못 보고 안부를 물을 수도 없다는 게 너무 아쉬워. 어떻게든 살아 있다는 그 자체가 우리에겐 축제인데 그 축제를 빨리 끝내버릴 수밖에 없었던 너의 몫까지 더더욱 성대하게 이어 나갈게.

나중에 내가 하늘나라로 올라가면 그때 미친 듯이 투덜거려줘. 열심히 들어줄게. 그리고 미안해."

남겨진다는 건 언제나 쓸쓸하네요, 선생님.

헤어짐과

남겨짐

한덕현

많은 철학과 종교에서 만남과 헤어짐, 삶과 죽음에 대한 이야기를 하죠. 특히 죽음이라는 주제는 웬만한 자아 성찰과 지식이 없으면 함부로 이야기하기도 어려워요. 몇 년 전, 죽음에 대한 예일대학교의 강의가 책으로 만들어져 전 세계적으로 베스트셀러가 된 것도 무관하지 않다고 생각합니다. 혹 궁금하시다면, 한번 읽어보세요. 셸리 케이건의 《죽음이란 무엇인가》라는 책입니다.

다만 저는 죽음을 보고 듣고 느끼고 있는 우리 인간의 마음가짐에 대해서 몇 가지 이야기해볼 수 있을 것 같아요.

죽음의 의미는 죽음을 맞이하는 사람의 상황에 따라 다릅니다. 먼저 나이 듦에 의해 자연스럽게 맞이하는 죽음이 있습니다. 많은 사람이 그렇죠. 또 조국과 민족을 위해 죽음을 맞이하는 순국선열들이 있고, 다른 사람의 위험과 어려움에 맞서 자신의 안전이나 목숨은 생각하지 못해 죽음을 맞이하는 의인들이 있습니다. 사고로 인해 갑작스럽게 유명을 달리하시는 분도 있죠.

그에 반해 자신의 목숨을 자기 자신이 취해버리는 경우도 있습니다. 질병으로 인한 지나친 고통과 공포로 극단적 선택을 하는 경우도 있지만, 남들이 볼 때는 충분히 이겨낼 만한 갈등과 고통을 참지 못하고 죽음을 결정하는 사람도 있습니다. 하지만 이럴 때 '참아야 했다' '어리석었다'라는 말을 쉽게 하기도 어렵습니다. 고통과 갈등은 당하고 있는 그 자신만이 그 강도와 어려움을 가장 잘 알기 때문이죠.

어떤 식으로든 죽은 사람 주위에 남은 사람들은 각 상황마다 서로 다른 감정을 느끼고 반응을 보입니다. 순국선열이나 질병으로 인한 죽음의 경우, 당사자와 남게 될 사람이 어느 정도는 죽음에 대해 이야기하면서 감정을 나누고, 오늘일까 내일일까 예상하며 이별을 준비하는 것 같아요.

하지만 갑작스러운 사고를 당하거나 죽음을 스스로 결

정한 사람들의 경우에 남은 사람들은 준비가 하나도 안 되어 있죠. 그래서 당황스러워합니다. 제대로 된 이별을 간절히 원하지만 이미 일이 진행되어버린지라, 그 바람은 이루어질 수 없죠. 게다가 갑작스러운 사고로 하루아침에 이별하게 된 경우에는 남은 사람이 원망이라도 할 수 있지만, 목숨을 스스로 포기한 사람과 이별한 경우에는 남은 사람들이 원망을 할 수도 없습니다. 왜냐하면 이별의 원인이 다른 무엇도 아니며 다른 누구도 아닌 그 당사자, 즉 죽은 사람이니까요. 그래서 가까운 사람을 자살로 떠나보내고 남은 사람은 더욱 당황스럽고 망연자실하게 되는 것입니다.

정말 많은 가수가 노랫말에 '이별'을 담습니다. 그런데 그 이별의 많은 부분은 연인 간의 이별입니다. 이는 죽음으로 인한 이별과는 또 다른 것 같습니다. 다시는 안 보겠다는 가사를 진하게, 강하게 표현할수록 우리가 그것을 더 가슴 저리게 느끼는 것 같아요.

문득 궁금해지는데 성우 씨는 솔직하고 직선적인 노랫말들을 많이 만드셨잖아요, 이별에 대한 노랫말들도 솔직하고 직선적으로 만드셨나요? 아니면 내 가슴을 찢어지게 만든 떠나간 사람에 대한 원망 속에 꼭 다시 돌아오라는 당부를 담으셨나요? 아니면 다시는 보지 말자는 죽음과 같은 차가운 이별을 이야기하셨나요?

이성우

아하하. 이런 질문은 처음 들어보는 질문인지라 정말 흥미로운데요! 역시 정신의학자다우십니다!

저는 가사를 쓸 때 보통 노래의 멜로디에 가장 잘 맞을 가사를 찾습니다. 아니면 처음에 노래를 만들 때 흥얼거리던 말이 가사가 되는 경우도 있고요.

여태까지 제가 쓰는 가사들은 대개 솔직하고 직선적이었습니다. 들으면 눈앞에 상황이 펼쳐지는 가사를 좋아하고 가사를 쓸 때도 그 상황들을 눈앞에 펼치면서 쓰거든요.

그리고 제가 쓴 이별 노래는 다시 돌아오기를 바라거나 원망한다거나 다시는 보지 말자는 차가운 말은 잘 하지 않습니다. 그냥 저 혼자서 청승 떠는 거죠. 이별을 경험하면 그런 가사들이 많이 나오더라고요. 그런 이별 노래를 부를 땐 그때 그 감성에 취하기도 하면서 울컥할 때도 종종 있어요.

영원한 것은 없다

이성우

왜 자꾸 이런 생각을 하는지 모르겠습니다. 행복한 순간은 만끽하기에도 바쁜데 왜 자꾸 이런 생각이 드는지 말이에요. '모든 것은, 내 삶은 영원하지 못하다'는 생각이요. 이유를 찾자면 너무 많아서 뭐 하나 꼽기도 어려운 것 같습니다.

저도 이제 확실한 40대 후반이 되었고 제 몸 하나 제 마음대로 안 될 때가 많습니다. (물론 머리 위로 들 수 있는 케틀벨의 무게는 무거워졌다!) 걸걸했던 예전 목소리는 이젠 음원에서만 들을 수 있어요. 이럴 줄은 상상도 못 했던지라 당혹스러울 따름입니다. 그렇다고 지금 저의 목소리가 싫으냐고 하신다면 그건 또 아니에요. 저의 의사와는 상관없이 변해가는 모든 것들이 신기할 때도 있지만 인정하기 싫을 때도 많은 게 사실이죠.

예전에는 저희 엄마 목소리도 저 아랫배에서부터 올라오는 시원한 목소리였는데 요즘엔 예전만 못하세요. 제게 짜증이 나서 고함을 지를 때 보면 알 수 있죠. 아빠도 한 번씩 내려갈 때 보면 흰머리가 부쩍 는 게 보입니다. 반려견 두부도 털 색깔을 보면 예외 없이 나이가 든 걸 알 수 있어요. 눈 위에 사람 눈썹처럼 윤기 나는 갈색빛 털이 있었는데 이제 우리 아빠의 흰머리처럼 하얗게 변했거든요.

친구 녀석들은 또 어떤가요. 예전엔 한번 술을 마시면 2차, 3차는 기본이고 필름이 끊길 때까지 자리를 끝내지 않았습니다. 그러다 최근엔 누구나 버거워했던 술고래 친구가 1차에서 마무리를 하고 집으로 돌아가겠다고 해 '대체 무슨 일이냐, 어디 아프냐'며 다들 놀라 물어봤더니 간이 안 좋아져서 예전처럼 못 마시겠다 하더라고요. 자리가 일찍 끝난 건 좋았지만, 친구가 이빨 빠진 호랑이 같아 보여 씁쓸했습니다.

늙는다는 건 자연스러운 세상의 이치이니, 사람이 죽거나 더 이상 만날 수 없다는 것도 당연한 일이겠죠. 태어난 것도 처음이고 나이가 들어가는 것도 처음이고, 다 처음이다 보니 인생이란 이 호기심천국이 흥미진진하기도 하지만 시련과 고난의 연속이기도 하네요. 언젠가는 나 혼자 남게 될지도 모른다는 상상에 괴로웠다가 그게 또 반드시 일어날 일이기에 걱정으로 이어집니다. 영원하지 못한 삶을 생각하다 보면 '난 어떤 인생을 살았고 남들에게 나란 사람은 어떤 존재였을까' '나쁜 영향을 주지는 않았을까' 하는 생각도 해요.

어제는 컴퓨터 *끄기* 전에 사진 폴더에 들어갔다가 예전 사진들을 보면서 추억여행을 다녀왔습니다. 걱정이 조금 사라지더라고요. 우리 할매 사진도 보니깐 왜인지 모르겠지만 너무 기뻤고요. (할매 잘 지내제? 마이 보고 싶다 할매. 할매가 그리 좋아하던 양갱 한 박스 사주고 싶네.)

아후⋯. 오늘 밤은 넨네를 꼭 껴안고 자야겠어요. 평소보다 더 따뜻하게 안고 자야겠습니다. 선생님 이럴 땐 어떤 생각을 하는 게 좋을까요?

대상의 영속성으로
건강한 이별이 가능하다

한덕현

사람은 끝이 있는 것, 끝에 다다른 것에 대한 두려움을 많이 느끼죠. 그 두려움의 근원은 사람이든 사물이든 더 이상 만나지 못하고, 함께 시간을 갖지 못한다는 것에서 비롯된 것입니다. 바로 '이별'이라는 상황을 맞이하는 것에 대한 두려움이죠.

그런데 우리는 이 이별을 아주 어릴 적부터 경험했습니다. 걷기 전까지만 해도 우리는 늘 엄마 곁에 껌딱지처럼 붙어 있었습니다. 그런데 조금 걷기 시작하니까 엄마로부터 멀어지고, 뛰기 시작하니까 엄마로부터 도망가려고 했죠. 아이들이 그렇게 하는 이유는 내가 멀어지든 도망가든 엄마 혹은 아빠는 항상 그 자리에 있어서, 내가 언제든 되돌아올 수 있다는 마음이 있기 때문이죠.

그런데 이렇게 되기까지 아이들은 사실 엄청나게 연습합니다. 놀이터에서 놀고 있는 아이들을 한번 유심히 관찰해보세요. 엄마가 멀찍이서 나를 지켜보고 있는지 계속 확인하고 있는 모습을 볼 수 있을 겁니다. 넨네와 두부가 산책할 때 자기들이 좋아하는 곳으로 가려고 하더라도 성우 씨가 오는지 안 오는지 자꾸 뒤돌아보는 것도 같은 이유에서죠. 아이는 엄마가 항상 내 뒤에 있다는 믿음이 생기면, 자신의 눈에 엄마가 보이지 않더라도 엄마는 내 뒤에, 아니 엄마는 항상 나와 함께 있다는 생각을 하게 돼 비로소 엄마가 보이지 않는 곳에서도 안정적으로 독립적인 생활을 할 수 있게 되는 것입니다.

이를 '대상의 영속성object performance'이라고 합니다. '마음속에 둔다'는 것이죠. 그래서 이 대상의 영속성이 생기면 '떨어짐'이 가능해지고, 이런 훈련을 많이 한 청소년이나 갓 성인은 부모, 형제, 친구들에게서 떨어짐을 통해 독립하게 되는 것이죠. 다시 말해 이별을 건강하게 받아들입니다.

이별하고도 마음속에 있는 내 엄마 아빠 조부모는, 내가 다른 사람과 관계를 맺을 때 그 모습을 드러냅니다. 정이 많고, 배려심이 깊은 성우 씨의 모습은, 아마도 성우 씨가 양갱을 사드리고 싶다고 한 할머니의 모습이 아닌가 싶습니다.

가족은 유전자에 의해 외모만 닮는 것이 아니라, 살면서 마음속에 들어와 서로의 모습을 간직하게 되죠. 그런 의미에서 한 드라마 속 유명 대사, '내 마음속에 너 있다'가 꼭 연인관계뿐만 아니라, 영속적인 대상으로 남아 있는 가족관계를 더 잘 반영하고 있다는 생각도 듭니다.

성우 씨가 적는 노랫말도 어쩌면 성우 씨 자신뿐 아니라 성우 씨 마음속에 있는 가족의 일부 모습일 수도 있습니다. 그런 점에서 저는 예술가들이 참 부럽습니다.

그들이 세상을 떠나도, 예술가 자신뿐 아니라, 그들이 관계했던 마음속의 다른 사람들도 작품 속에 영원히 남길 수 있기 때문이죠.

1인가구의

기쁨과 슬픔

이성우

선생님, 혼자 살면 뭐가 좋은지 아세요? 좀 더러운 얘기인데, 제가 가장 좋아하는 점은 화장실 문 열고 똥 쌀 수도 있고 방귀를 막 뀌어도 상관없다는 거예요. 화장실 문 열고 볼일 보는 걸 추천하는 건 아니고 제가 그렇다는 겁니다…. 혼밥, 혼술도 좋고요. 맛있는 편의점 도시락에 컵라면 하나, 맥주 한 캔만 따도 뭐 '나 혼자 살든 무슨 상관인가? 이게 행복이지!' 싶어요.

더구나 밖에 멀리 나가지 않아도 전국 유명 맛집들의 밀키트로 집이 근사한 레스토랑이 되는 세상이죠. 사실

이른 아침부터 열심히 일하고 집에 들어와 혼자 저녁을 차리다 보면 가끔 울적해지기도 해요. 남은 야채와 부재료들 처리에 골머리를 앓고…. 혼자 사는 일의 단점을 말할 차례인가 봅니다.

방금 말했듯이 뭘 해 먹으려 해도 남길까 봐 요리 재료를 살지 말지 꽤 고민이 됩니다. 재료가 좀 남으면 이웃이나 친구들을 불러서 어떻게든 다 쓰려고 하는데 은근 번거로운 일이거든요. 결혼해서 둘만 돼도 그게 좀 나아질까요? 일을 마치고 집에 돌아오면 반려견 두부 넨네가 따뜻하게 맞이해줄 때 너무너무 기쁘지만 대화를 일방적으로 할 수밖에 없어서인지 결국 혼자라는 느낌이 드는 것도 사실이죠.

이대로 혼자서 늙어가는 게 그리 나쁘지도 않지만 이젠 40대 후반이 되다 보니 이 나이에 아직도 혼자라는 게 가끔은 좋아들기도 합니다. 잠들기 전에 그런 고독감이 에워쌀 때가 있어요. 두부와 넨네가 옆에서 같이 자주면 좋겠지만 하필 그럴 때 이놈들은 꼭 다른 곳에 가서 잔단 말이죠. 먹이고 키워봐야 소용이 없단 말입니다. 아무튼 요즘 부쩍 가슴 한구석이 허한 게 저도 이 생활을 청산해야 하나 생각이 들어요.

전 제가 이 나이를 먹도록 결혼을 안 할 줄은 몰랐습니다. 어렸을 때부터 결혼, 술, 운전 이 세 가지는 어른이 되면 당연히 하는 거라는 인식이 강했는데 술을 제외한 결혼과 운전에는 여전히 큰 벽이 느껴지네요. 참, 저는 운전면허가 없어요.

결혼이란 누군가와 일단은(?) 평생을 약속하는 것인데 아직 전 그 약속이 두렵습니다. 언제 헤어져도 이상하지 않은 연애도 아니고 가족들과 친지, 친구들 앞에서 함께 산다고 선언하고 서류상에도 둘이 함께하겠다고 공식적으로 남기는 게 보통일은 아니잖아요. 같이 살다 보면 안 보이던 단점들도 보일 테고 괜히 미울 때도 있겠죠. 그러고 보니 우리네 밴드랑 비슷하네요. 그러다 맘에 안 들면 밴드는 해체, 부부는 이혼! 물론 요즘 세상에 이혼은 흔한 일이지만 멘탈 강했던 친구가 이혼하더니 맛탱이가 간 걸 보고 깜짝 놀랐던 적이 있어요. 이렇게 보면 이혼은 어마어마한 일인 것 같아요.

오랜만에 만난 친구와의 대화에서도 결혼은 빠지지 않는 단골 소재입니다. 제게는 동갑내기 일본인 친구가 한 명 있습니다. 친구는 우리나라의 한 대학에서 교편을 잡고 있었는데, 10여 년 만에 다시 일본으로 돌아가게 되었어요. 만난 자리에서 "성우 넌 결혼 언제 하나? 애 늦게 낳으면 같이 놀아주기 힘들다?"라고 갑자기 치고 들어오더라고요.

"야, 내가 운동을 괜히 하는 줄 알아? 개를 괜히 키우는 줄 알아? 다 미래의 자식을 위한 트레이닝 중이야"하며 받아친 다음, 시답잖은 이야기를 계속했네요. 그러다 국제결혼에 대한 이야기를 듣게 되었어요. 국적이 다르고 자라온 환경이 다르다 보니, 화가 날 일도 문화 차이겠거니 가치관 차이겠거니 하게 된다는 거예요. 그러다 보니 덜 싸우게 되고 서로 존중해줄 수 있다고요.

'오호라?' 전혀 생각해보지 못한 국제결혼의 장점에 순간 혹하는 저를 보며 이제 정말 슬슬 갈 때가 되었나 하는 생각이 들었어요. (이미 늦은 거 안다.) "네가 내 결혼식 때 축가 불러줬으니까 너 결혼할 때 일본에 있더라도 갈 테니까 결혼하면 일단 알려줘"라며 마지막 인사를 던지는 친구에게 "아마 너 죽기 전에 한 번은 하겠지?"라고 대답했네요. (아, 이거 참 씁쓸하데이…)

제가 이씨 집안 장손인데 이 나이까지 결혼을 안 하니 집에서는 난리가 났죠. 여태 별말씀 안 하시던 아버지마저 지난 추석엔 "그래, 이성우. 니가 맘에 드는 아가씨가 읍으며는 으짤 수가 음써. 근데 인자 니 나이가 50이 다 되어가는데 좀 노력하는 모습을 보이주믄 안 되겠나?"라고 말씀을 하시는데 차마 '아부지… 불효자는 웁니더. 근데 내 맘대로 안 되는 걸 우짭니꺼'라고 말하지 못하고 짧게 "네. 알겠심미더" 하고 말았네요.

여러모로 답답한 마음에 연초에는 친구가 자주 가는

점집을 따라갔습니다. 이런저런 질문이 끝난 후에 슬슬 나가려던 참에 친구가 말했죠. "야. 너 왜 결혼은 안 물어보냐? 이 친구 언제 결혼해요?"

"어! 50에 결혼해."

"제가 50에요?? 하기는 하는군요."

"성우야. 너 몇 년 안 남았어…."

마산의 부모님께 이 경사스러운 점괘를 알려드릴까 하다가 말았다는 슬픈 전설이 서교동에서 내려오고 있다고 합니다.

사랑과 결혼의 의미

한덕현

사람들은 사랑하니까 계속 사랑하기 위해 결혼하지만, 결혼하고 나면 더 이상 사랑은 어렵다고들 합니다. 농담으로 배우자는 이제 남이 아니고 가족이기 때문에 에로스eros적인 사랑보다는 스토르게storge 사랑만을 해야 한다고 이야기하죠.

사랑에는 남녀 간에 첫눈에 반하거나 신체적인 매력, 감정적 동화까지 불타오르는 열정적 사랑인 에로스, 여러 명의 애인을 두고 사랑의 관계만을 즐기는 유희적 사랑인 루두스ludus, 또 동료나 가족들과 같이 오랜 관계 속에서 시간이 흐르면서 서서히 무르익는 스토르게 사랑이 있습니다. 철학자들이나 인문학자들이 서로 간의 지혜를 사랑하고 존경의 마음을 표하는 플라토닉platonic 사랑도 있습니다. 또한 어쩌면 인간이 신과 가장 비슷한 방법으로 하고 있는 부모와 자식 간의 사랑인 아가페agape 사랑이 있습니다.

어쩌면 결혼이라는 제도는 가족이라는 집단을 만들어 이 다양한 종류의 사랑을 사람들이 경험하게 해주는 그 시작이라는 생각이 듭니다. 남녀가 연애 초기에는 서로 에로스적인 사랑에 불타오르지만 아이를 낳으면 아가페 사랑을 경험하고, 가족 구성원이 생기면 스토르게 사랑을 경험하며, 서로 형제간의 지식과 삶의 지혜를 존중하며 플라토닉 사랑을 느낍니다. 바로 가족이 사랑의 무대가 되는 것이죠.

그러다 에로스적 사랑만을 느끼려 했던 배우자가 상대에게 아가페, 스토르게의 사랑을 위주로 느끼면 슬그머니 에로스적 사랑을 내려놓습니다. 이때 흔히 '사랑이 식었다'라고 이야기하지만, 사실 사랑은 계속하고 있는 것입니다. 단지 에로스적 사랑이 줄어든 것뿐이죠. 이 경우 어떤 가정에서는 기러기 혹은 독수리 부부로 살아가며 다시 에로스적 사랑을 꽃피우려 하기도 하지만, 자식들이 더 보고 싶어져 에로스적 사랑보다는 스토르게 사랑이 더욱

강화되는 경우도 많이 있습니다.

사랑의 특징 중 하나는 '반사'입니다. 내가 사랑하지 않으면 사랑받지 못한다고 느낍니다. 사랑은 방향성을 가진 감정의 가장 강렬한 에너지 중 하나이기 때문에, 내가 그 강렬한 에너지를 다른 사람에게 쏘지 않고 있다면 반대로 내가 다른 사람에게서 사랑받고 있지 못하다는 느낌이 들게 되는 것이죠. 에너지를 방출하며 상대가 이 에너지와 관심을 받고 있겠지 그리고 그것이 언젠가는 돌아오겠지라는 설렘과 기대감 등이 나의 말초적 느낌을 짜릿하게 만드는 것입니다. 그래서 사랑은 받는 것보다 주는 것이라고 이야기하는 듯합니다.

지금 성우 씨께서 느끼시는 감정은 사랑의 다양성을 체험하고 싶은 마음의 시도라고 이야기할 수 있겠습니다. 지금 혼밥 혼술을 즐기고, 혼자만의 자유를 느끼는 것도 자신에 대한 사랑을 즐기고 있는 것이지만, 사랑은 내 안으로만 향하지 않고 마치 물리학적 현상처럼 반드시 밖으로 향하게 되지요. 예쁜 강아지들과 주고받는 감정도 당연히 강렬한 사랑의 감정이지만, 대등하게 말로 의사소통이 되는 타인과 감정의 주고받음이 필요하다는 것을 본능적으로 느껴가고 있는 걸 거예요.

하버드대학에서 1938년에 시작해 75년간 724명의 삶을 연구한 끝에 밝힌 '행복의 비밀'은 다음과 같습니다. 첫째 사회적 관계만이 인간을 행복하게 한다. 둘째 친구와 질적으로 좋은 관계를 맺는지가 행복을 결정한다. 셋째 좋은 인간 관계는 인간의 뇌도 건강하게 만든다는 것이었습니다.

결국 사람 간의 관계가 중요하고, 이것이 정신 건강에 긍정 영향을 미치며 그것을 느끼는 뇌가 건강해져 행복을 느낀다는 것이죠. 그래서 가장 강렬한 감정 교류를 사람들과 나누는 것이 사랑이고, 그 다양한 사랑을 나누는 것이 결국은 행복이 아닐까 싶습니다.

성우 씨도 잘 아시겠지만 남녀관계는 시작과 끝 그리고 다양한 과정들이 다 다르게 펼쳐지지요. 이제는 나만의 감정이 아닌 상대방의 스토르게, 루두스, 플라토닉, 아가페라는 또 다른 형태의 사랑으로 번져가는 경험을 해보고 싶지는 않으세요?

이성우

덕현 선생님…. 해주신 말씀 정말 뜻깊고 좋은 말씀인 건 알겠는데 지금 제 곁엔 아무도 없….

성우 씨 곁에 아무도 없는 것이 능동적인 선택의 결과인가요, 수동적인 선택의 결과인가요?

내 곁에 누군가는 내가 빈자리를 주지 않으면 있지 못해요. 그 빈자리는 정말 나의 부족함으로 만들어지는 비어 있는 자리가 될 수도 있지만, 나의 정성으로 만들어지는 새로운 자리일 수도 있습니다.

친구와 연인 사이의 모호한 관계가 친구 혹은 연인으로 딱 정해지는 것은 이런 능동적 혹은 수동적인 관심의 방향성 때문인 것 같습니다.

보고 싶은 사람이 있는데 어쩌다 만나면 반가울 것 같은 사람이라 그냥 기다릴 수도 있고(수동적), 지금 꼭 보고 싶어서 지친 몸을 이끌고 그 사람과 만나기 위한 사건들을 꾸밀 수도 있죠(능동적).

지금 곁에 아무도 없다는 것은 꼭 보고 싶은 사람이 아직은 없고, 또 그렇게 그리운 사람이 없으니까 굳이 옆자리를 정성스럽게 준비하고 있지 않기 때문일 수 있어요. 두 번째, 아니 열두 번째(?) 사랑은 능동적 사랑을 원하시나요 수동적 사랑을 원하시나요?

내 곁의 빈자리는

나의 정성으로 만들어지는 새로운 자리일 수도 있습니다.

3부

**괜찮아요,
잘해왔고
잘하고 있습니다**

사실
노브
레인은

서로 안 맞는다

이성우

노브레인이 결성된 지도 어언 25년이 넘었네요. 저희도 사람인지라 가끔은 다투고, 서로 원망할 때도 있죠.

얼마 전에는 회의 중에 저희 드러머인 현성이가 "우리 네 명 안 맞아!"라는 말을 내뱉었어요. 꽤 심각한 상황이었죠. 그런데 옆에 있던 기타 치는 보보가 "응, 맞아. 우리 진짜 안 맞아" 이렇게 되받아치는 거예요. 갑자기 뭔가 좀 웃겨서 다 같이 웃어버렸어요.

꽤 오랜 시간을 함께했는데 이제 와서 안 맞는다는 말을 들으니 색다르게 느껴졌는데, 이제야 솔직하게 이야기한다는 것도 신선한 충격이었고요.

사실 저는 멤버들과의 언쟁을 포함한 모든 종류의 갈등을 경계했습니다. 사이가 반드시 좋아야 한다는 강박이 있었던 것 같아요. 그런데 '안 맞는다'는 소리에 맞장구치며 이야기를 시작했는데도 대화가 술술 잘 흘러가는 걸 보니 '때로는 이런 솔직한 이야기가 우리에게 더 도움이 되는구나, 가끔은 이렇게 싸울 필요도 있구나'라는 걸 느꼈어요. 다툼을 무조건 부정적으로만 보고 회피했던 제 자신도 반성했고요.

그리고 따지고 보면 뭐 세상에 잘 맞는 사람이 있어봐야 얼마나 있겠어요?! 정말 원수 같은 사이도 있겠지만 보통은 암만 잘 맞는다 생각이 들더라도 오래 같이 지내다 보면 "이 인간 잘 맞는다 생각했는데 더럽게 안 맞네…"하며 생각하는 순간이 오는 것 같아요.

우리 멤버들 이젠 뭐 징글징글합니다. 오래된 부부 사이 같기도 해요. 어떨 때 보면 너무 듬직하고 믿음직스러운데, 또 어떨 때 보면 정말 웬수 같죠. (나만 그런가? 하하하)

드럼 치는 현성이와는 함께한 시간이 어느덧 26년이 되어갑니다. 현성이를 처음 만난 건 제가 마산에서 밴드하겠다고 무작정 상경한 지 오래 지나지 않았을 무렵이에요. 당시 저는 라이브클럽에서 살다시피 하고 있었는데,

그 덕에 현성이를 비롯한 초창기 노브레인 멤버들을 만날 수 있었죠. 현성이는 가장 먼저 함께하기로 한 멤버의 친구였어요. '후헤헤헤' 특유의 웃음을 지으며 드럼을 쳤는데, 꽤나 잘해서 "뭐야, 너 그냥 드러머 해"라는 식으로 곧장 합류했죠.

'노브레인'이라는 밴드 이름을 어떻게 정한 건지는 이젠 입이 아파서 복사해 붙여넣기를 하고 싶을 정도지만, 선생님께 또 말하게 되네요. 밴드 이름을 정할 때 후보가 정말 상당했습니다. 꿀단지, 고추장, 냉면개시 이딴 것들밖에 없었어요. 그러다 그냥 우리 노래를 들으면 또라이가 된다는 의미로 '노브레인'이 어떠냐는 저의 제안에 다들 만장일치! 그리하여 노브레인이라는 밴드가 생기게 되었죠.

현성이와 이렇게 오랫동안 함께할 줄은 몰랐지만 금방 헤어지지 않을 거란 건 함께 밴드를 해오면서 자연스레 느낄 수 있었어요. 길고 찢어진 눈매를 가져서인지 현실을 예리하게 직시하는 영리함을 가지고 있는데 이런 캐릭터가 우리 밴드 색깔에도 많이 반영되었죠. 때로는 극단적이고 때로는 너무 황당한 아이디어들을 늘어놓아서 어떻게 대꾸해야 할지 몰라 다들 스톱모션이 되어버리는 경우가 있긴 합니다.

현성이는 노브레인 말고도 하는 게 많아요. EBS에서

음악감독 일도 하고 'Dolly'라는 이름으로 솔로 활동도 하고 있는데, 여러분 얼른 가서 악플을 적어주세요!

기타 치는 보보는 원래 노브레인의 팬이었어요. 공연장에 엄청 자주 오던 친구였는데, 가끔 변기가 역류하고 한겨울에는 입김이 나오던 제 옥탑방에도 놀러 오곤 했죠.

그때 제가 '리얼쌍놈스'라는 하드코어 프로젝트밴드를 준비했었는데 오디션을 보고 싶다며 집으로 찾아왔어요. 기타 치는 거 5초 보고 바로 "합격!" 프로젝트밴드 멤버로 들이게 된 게 인연이 되어, 한때는 10년이 넘는 동거인이자 어엿한 노브레인 멤버로 17년 넘게 함께했습니다.

보보는 음악적인 센스도 대단하지만, 미술적인 감각 또한 대단해서 〈넌 내게 반했어〉가 실려 있는 3.5집부터 가장 최근에 나온 〈Big Mistake〉까지 노브레인의 모든 앨범 재킷은 이 친구의 손을 통해 완성된 거예요. 최근에는 여태까지의 작품활동을 보여주는 전시회를 개최하기도 했죠. 참, '썬더스'라는 밴드도 함께 하고 있어요. 번개 사운드에 중독될 수 있으니 선생님께선 노브레인 노래만 들어주길 바랍니다. 아무튼 무에서 유를 만들어내는 대단한 인물이예요, 보보는!

베이스 치는 뽀글이는 우리 밴드에 가장 나중에 합류하기도 했고(그래도 벌써 10년이나…) 나이도 제일 어린 막내입니다. 막내!

형들 눈치도 봐야 하고, 막내는 참 여러모로 불편한 위치죠. 거기다 노브레인 멤버들 목소리가 워낙 커야 말이죠. 한마디로 자기주장들이 강해요.

그래서 종종 분쟁이 생기는데 뽀글이가 이걸 잘 수습합니다. 언제나 묵묵히(사실 좀 투덜거림) 형들이 싼 똥을 치우는데 안쓰럽기도 하고 고마워요. 어떻게 보면 뽀글이 자체가 베이스 소리와 닮았어요. 베이스 사운드는 털털거릴 때도 있고, 공 굴러가듯이 굴러갈 때도 탄력 있게 땡땡거릴 때도 있는데, 변함없는 사실은 언제나 붕 떠버릴 수 있는 사운드를 아래에서 묵직하게 잡아주고 있다는 거예요.

제 목 상태가 나빠져서 우울해하고 있을 때 뽀글이가 "형은 형 일만 생각해요. 다른 거 걱정하지 말고. 우린 기다리고 있을 테니까"라고 말해줘서 눈물이 조금 핑하고 도는 게 너무 고맙더라고요.

오랫동안 노브레인 활동을 하면서 느낀 거는 우리 멤버들이 정말 착하다는 겁니다. 나이 마흔일곱씩이나 먹고 아직 철딱서니 없는 형도 잘 챙겨주고요. 재간둥이 현성이, 팔방미인 보보, 막내지만 듬직한 뽀글이. 다들 참 고마운 존재입니다. 못난 구석도 있고 잘난 구석도 있고, 안 맞는다 안 맞는다는 하면서 그래도 굴러가는, 이런 게 또 로큰롤이란 생각이 듭니다.

아무래도 전 정말 인복이 많은 사람 같아요. 제게 무슨 일이라도 생기면 적재적소에 도움을 주는 사람들을 꼭 만나거든요. 가까이 있어 가끔 소중함을 잊어버리는 때도 있지만, 참 저란 사람은 정말 복 받은 사람 같습니다.

선생님은 어떠세요? 함께 일하시는 분 중에 손꼽을 정도로 마음이 잘 맞는 분이 있으세요?

신호와 표현은 크고 명확해야 한다

한덕현

저희 연구원 중에 저와 10년 넘게 같이 일하고 있는 심리 선생님이 회식 자리에서 우스갯소리로 말했습니다.

"교수님은 전생에 아마 머슴이었을 거예요. 그것도 부잣집 대감님 댁에서 계속 일만 하다가, 나중에 사람 모아서 반란을 일으킨다고 누명을 쓰고 매 맞아 죽은 머슴. 그러다 이 생에 다시 태어났는데, 머슴 본질은 못 버려서 이 사람 저 사람 다 모아서 일만 하고 있는 것 같습니다."

기분이 나빠야 할 이야기인데, 그렇게 나쁘지는 않더군요. 이 말로 주변에 사람이 많다는 것은 증명된 것 아니겠습니까? 또 전생에 죽어라 남 일 시키고 학대하는 대감마님이 아니라는 게 얼마나 다행입니까? 하하.

사실 저희 연구소는 처음 인터넷 연구 1개 연구 종목의 4명으로 시작했습니다. 그러다가 조금씩 연구 범위와 분야를 넓혀 사람들이 모여들기 시작했죠. 지금은 인터넷 게임, 디지털 치료제, 디지털 암 센터 등 5개 연구 종목의 30명 인원으로 늘어났습니다. 작게 시작하여 조금씩 커져나갔기에 연구소와 의국은 아주 마음이 잘 맞는 교수님들과 전공의 선생님들, 박사 및 석사님들, 연구원들로 구성되어 있습니다. 그분들이 없었다면 이 거대한 조직은 10년 넘게 절대 돌아가지 않았을 것입니다.

제자에서 동료로 신분이 바뀌었는데도 여전히 존중해주시는 아래 교수님들, 동료에서 연구소 수석팀장이 되어 이제는 거꾸로 제게 오더를 내리고 있는 배 박사, 어디를 가든 절대 옆을 돌아보지 않는 그래서 모든 일을 직진만 시키는 센터의 이실장님 등이 특히 저의 손발이 되어, 아니 저의 머리와 눈이 되시는 분들이죠.

밖에서는 스포츠단의 트레이닝 코치님들이 정말 많은 도움을 주시죠. 특히 LG스포츠단의 '용' 코치님은 제가 스포츠 정신의학을 시작할 때부터 정말 많은 도움을 주신 분입니다. 제겐 친형님과도 같은 분이죠. 트레이닝과 스포츠 심리는 다른 분야인데도 서로 존중하고, 서로의 소중함과 필요성을 진심으로 이해하는 사이입니다. 이런 분들이 아마도 우리 심리 선생님이 이야기한 전생의 머슴 동료들이 아닐까 생각합니다. 저는 이렇게 각자의 위치에서 쉼 없이 돌아가는 일이 있는데도 불평 없는 좋은 사람들과 함께 일하고 있습니다.

　노브레인은 정말 오랜 시간을 함께했어요. 저 역시 그렇지만 이렇게 오래 함께한 관계일수록, 상대가 '이 정도'는 알아챌 거라고 생각할 수 있죠. 이 말은 맞기도 하고 틀리기도 합니다.

　사람은 무언가를 원하면, 어떠한 방식으로든 '표현'을 합니다. 말로 못 하면 표정으로, 더 세밀하게는 눈동자의 움직임, 뇌파 등으로도 표현하는 것이죠. 또 이렇게 표현하는 사람에게 관심이 있는 사람은 아주 작고 세밀한 표현이라도 파악을 할 수 있죠.

　그 표현이 움직임이나, 눈에 보이는 변화에서 아주 작은 미동 혹은 마음 상태로 그 영역이 좁아질 때, 우리는 이것을 '직관intuition'이라고 부릅니다. 흔히 '직관적으로 파악했다'고 이야기하면, 그냥 아무것도 없이 뭔가 찍어서 척하고 알아낸 것 같지만, 사실은 상대방의 아주 작은 움직임이나 변화를 내가 예민하게 느낀 것입니다.

　그 직관을 노브레인 멤버들은 25년간 서로 표현하고

느끼고 계실 겁니다. 함께 연주하고 노래할 때는 물론이고, 공연장 밖에서 그냥 차를 마시며 이야기할 때나 길을 걸어가다 가벼운 농담을 던질 때도 다른 멤버들이 내는 작은 미동이 큰 의미로 느껴지는 순간이 있을 거예요.

아이들이 산타 할아버지를 좋아하는 이유가 뭘까요? 바로 내가 가지고 싶은 선물을 기가 막히게 알아내서 주기 때문입니다. 심지어 착한 일을 많이 해야 선물을 주신다고 했는데, 뭐 곰곰이 생각해보면 선물 받을 정도까지 착한 일을 하지 않았음에도 아침에 눈을 뜨면 머리맡에 선물을 떡 하니 두고 가시죠.

이 멋진 산타 할아버지는 결국 '표현'에 의해 만들어지는 것입니다. 아이는 한 번도 상상 속의 산타에게 어떤 선물을 가지고 싶다고 표현한 적은 없지만, 눈과 입, 몸으로 갖고 싶은 선물을 엄청 표현합니다. 그리고 부모는 아이가 사랑스러워서든 다소 귀찮아서든 그 시그널을 알아차리고 선물을 준비하지요.

그런데 이런 직관, 특히 오래된 직관은 간혹 오해를 일으킵니다. 정말 별것도 아닌 일로 가까운 지인 사이에 감정이 상하고 오해가 생길 수 있죠. 그것을 해결하는 좋은 방법은 큰 움직임, 명확한 신호를 보내는 것입니다. 상대방이 하는 이야기에 크게 웃어주고, 고맙다, 훌륭하다, 같이 하고 싶다 등 명확하게 반응하는 것입니다. 마치 크리스

마스를 앞두고 나도 모르게 큰 표현을 계속 내보내서 자기가 정말 갖고 싶은 선물을 갖고야 마는 어린아이들처럼 말이죠.

이성우

오래된 직관은 간혹 오해를 일으킨다는 말은 정말 모든 사람들이 곰곰이 생각해봐야 할 부분인 거 같습니다. 가끔 그런 오래된 직관이 친한 사이임에도 남보다 못한 사이가 되게 하는 큰 원인인 거 같아요. 물어보지도 않고 판단을 내리는 일이 많죠. 막상 알고 보면 그렇지도 않은데 말입니다.

큰 움직임, 명확한 신호 접수했습니다. 선생님과 이야기를 나누다 보면 삶의 지혜를 하나둘씩 알아가는 거 같아서 너무 좋아요. 아⋯ 역시 덕현 선생님 따봉!

록커 이성우, 일반인 이성우

이성우

"참 의외네요." "생각보다 점잖으시네요." "이미지랑 정반 대세요."

제가 잘 모르는 분들과 첫만남을 가지고 난 다음에 보통 듣는 말입니다. 평상시의 제 이미지가 얼마나 개차반 인가 자책하진 않아요. 사람들이 보통 제 모습을 보게 되는 경우는 실생활에서가 아닌 무대 위에서 노래하는 모습이기도 하고, 제가 사람들에게 살갑게 한마디 건넬 것 같은 상판이 아니기도 하죠. 괜히 말 걸면 "뭐 인마?"라고 할 것 같아 먼저 인사를 못 했다는 이야기도 몇 번 들었다는 거 아니겠습니까….

솔직히 처음에 그런 이야기를 들었을 땐 충격받았는데 이젠 별로 놀랍지도 않아요. "얼마나 쓰레기 같아 보였나요?" 하며 즐기는 수준까지 왔죠. 조금만 상냥하게 굴어도 엄청 착한 사람 취급받는 건 강한 인상의 이점 같아요. 제가 왜 이 이야기를 하냐면 무대 위에서의 저와 무대 아래에서의 제가 다르다는 이야기를 하고 싶기 때문이에요.

제게는 스위치가 하나 있어요. 록커 이성우를 켜고 끄는 스위치죠. 평상시에 길거리에서 제가 소리를 지르며 노래를 부르고 펄쩍펄쩍 점프를 뛰면, "저 사람 미쳤어요!" 하면서 사람들이 저를 잡아다 강제로 입원시키지 않을까요?

근데 무대 위에서 그런다면 어떻게 될까요? 사람들이 열광하고 좋아해요. 돈까지 내고 와서 말이죠. 무대니까 상관없잖아요? 스위치를 켜고 록커 이성우에 충실하게 평상시에는 표출하지 못했던 수많은 광기, 외로움, 울분, 환희가 섞인 모든 에너지를 다 쏟아내는 거죠.

문제는 간혹 이 스위치가 말썽이라는 겁니다. 오프 기능이 고장 나는 거예요. 공연을 끝내고 무대 위에서 내려왔는데도 여전히 무대 위 모습이 실생활에서도 이어지면 이거 정말 피곤해지거든요. 무대 위의 존재와 실생활에서의 존재는 엄연히 다른데 스위치가 말을 안 들으면 망하는 거예요.

일부러 거칠게 행동하고 그런 건 아니에요. 사실 그런 건 20대 때 다 해봐서 이젠 큰 흥미도 없고요. (40대인 지금 이 나이에 일부러 거칠게 행동한다면 "나이 먹고 왜저래? 아직도 20대인 줄 아나 봐!"라는 핀잔밖에 더 들을까.) 그런데도 무대 위의 캐릭터가 평상시에도 불현듯이 나타나 '가오'가 정신을 지배하는 상황을 만들어요. 록커 이성우에 과몰입하는 거예요.

보여지는 캐릭터 그대로 살아가는 것도 본인이 좋다면야 그것도 나쁘지 않겠죠. 하지만 제가 살아가는 방식은 그게 전부가 아닌지라 기분과 감정이 수시로 왔다 갔다 합니다. 예를 들자면 가오가 있으니 록커는 시장에 장 보러 가면 안 된다든가 다른 장르의 음악에는 춤을 추면 안 된다든가 하는 식의 말도 안 되는 기준을 스스로 만들어놓고 괴로워했죠. 그러다 조울증 비슷한 게 생겼고 지나친 자의식 과잉도 생겨서 주변 사람들과 마찰도 빈번했어요. 결국 주변 사람들이 떠나가는 경우도 생기더라고요.

이제 저는 더 이상 록 음악을 하면 꼭 이래야 하고 저래야 한다는 틀에 삶을 빼앗기고 싶지 않습니다. 나에 대해서 점점 더 알아가고 과연 나다운 게 무엇인가를 탐구하고 채워나가고 싶어요. 펑크록커 이성우는 지금 이대로 좋고, 두부와 넨네의 아빠 이성우도 이대로 충분히 좋

지만, 전 제 자신을 더 알아가고 싶고 더 채워가고 싶거든
요. 이제 언제까지나 이 스위치를 껐다 켰다 잘하면서 완
급조절을 잘하면서 살고 싶습니다.

선생님도 온오프 스위치 있으세요?

제일 궁금한 건, 선생님께선 상담하시면서 많은 사람
의 감정을 받으시잖아요? 그 감정들은 집으로 돌아가신
후 어떻게 하나하나 정리하시는지 궁금합니다.

한 번에 하나의 공만 던져라

한덕현

온오프 스위치라….

대학 때, 친구들은 저를 보며 '공부 총량의 법칙'을 말하곤 했죠. "너 그렇게 놀다가 나중에 평생 공부하게 된다."

특히 한 친구 녀석은 이 말을 30년 전부터 입에 노랫말처럼 달고 저에게 경고했어요. 이 친구는 현재 세계적인 정형외과 의사가 되어 국가대표 축구팀 주치의도 하고 유명한 병원에서 환자들을 상대하고 있지만, 저는 진짜 그친구의 예언처럼 평생 공부하고 있습니다.

제 입장에서는 억울한 면도 있어요. 대학 때 전 저 나름대로 열심히 공부했거든요. 그래서 시험을 보고 나서 성적이 안 나오면 많이 속상했죠. 결과를 받아들이지 못하고 아쉬워했습니다.

그런데 지금 생각해보면, 바로 그 '온오프 스위치'가 없었던 것 같습니다. 공부도 하고 운동도 하고 놀기도 하고 친구들 하는 일에 끼어들어 참견도 해야 하니, 늘 시간이 부족했죠. 그런데 해야 할 공부의 양이 정말 많으니까, 운동할 때도 공부 생각하고 놀 때도 공부 생각하고 친구들 만날 때도 공부 생각을 했습니다. 재미있는 것은 공부할 때도 운동, 놀기, 친구들 생각을 했다는 겁니다.

그러니까 늘 공부하고 있다는 착각을 하고 있었던 거죠. 사실 제 뇌가 볼 때는 실제 공부 시간이 다른 친구들에 비해서 적었던 거죠. 어머니가 늘 남들보다 3배는 더하라고 했는데, 남들만큼도 하지 못했으니 당연히 실망스러운 결과만 나왔겠죠.

그래도 그때마다 저는 '멀티태스킹'이라는 단어를 위안 삼았습니다. 놀면서도 공부하고, 공부하면서도 친구를 사귀고, 문화생활을 즐기고… 그런데 안 되더라고요. 멀티태스킹이라는 것이 동시에 여러 가지 일을 하는 게 아니라, 여러 가지 일을 계획하되 한 번에 하나의 일만을 하는 것이라는 사실을 스포츠 정신의학을 공부하고 나서야 알았습니다.

야구 스포츠심리 책에 '한 번에 하나의 공만 던져라'라는 유명한 말이 있습니다. 즉 투수가 공을 던질 때, 이 공을 던지면 타자가 노리고 있다가 치고, 우리 수비가 실수하면 점수를 주고, 오늘도 못 던지면 나는 또 2군으로 내려가고 등등 공을 하나 던질 때 네다섯 가지 일의 결과를 예측하고 던진다면 절대 자신의 공을 던질 수 없다는 말입니다. 바로 온오프 스위치가 제대로 작동하지 않아서, 주된 일을 제대로 하지 못한다는 뜻이죠.

지금은 저도 환자를 보고 있는 정신과 의사로서의 나, 학생들을 가르치고 논문을 쓰고 있는 교수의 나 그리고 일상생활의 나를 구분하는 온오프 스위치가, 진료 시간 혹은 수업 시간과 같은 시간적 구분과 체력적 한계로 인해 자연스럽게 만들어졌습니다. 다행이지요.

또한 진료 시 환자들에게 받은 감정들은 가급적 병원에 놓고 가려 하고 있습니다. 또 치료 시에 환자가 던지는 감정을 받지 않으려 노력하고 있죠. 환자가 치료자에게 주는 감정을 '전이'라고 부릅니다. 또 환자들이 던지는 감정에 따라 치료자가 기뻐하고 속상해하는 등의 반응을 '역전이'라고 합니다.

정신과에서는 이 전이와 역전이를 다루는 문제를 상당히 중요시합니다. 이것이 환자의 치료와 직결되어 있고, 성우 씨가 걱정하시는 것처럼 치료자의 정신건강과 밀접

한 관련이 있기 때문이죠. 그래서 환자의 전이를 해결하고 치료자의 역전이를 예방하는 훈련들을 전공의 시절에 숱하게 받습니다. 또 동료 의사들과의 대화와 서로 간의 치료를 통해서 도움을 받기도 합니다.

그리고 집에 돌아와서는 이런 것들을 처리 안 하려고 합니다. 집으로 돌아오면 저는 그냥 하루 일과를 마치고 돌아온 평범한 회사원의 자세가 되는 겁니다. 누워서 TV 보고, 시원한 맥주 한잔하며 야구 경기도 보고. 혹시 환자 때문에 속상한 일이 있어도 내일 병원에 들어갈 때부터 다시 생각하려고 노력하는 것이죠.

얼마 전 TV에서 중고등학교 때 저의 영웅이었던 홍콩 배우 주윤발이 나왔습니다. 여전히 유명한 스타가 지하철을 타고, 사람들이 다니는 일반 마트에 가서 장을 보고, 음식점에 가서 식사를 하더라고요. 그 정도의 스타를 주위 사람들이 가만히 놓아두지 않을 것 같지만 의외로 홍콩 사람들은 그냥 옆집 아저씨처럼 인사하고, 똑같이 대했습니다.

인터뷰에서 주윤발은 '나는 영화와 TV에서만 영웅이고 스타이지, 일상생활에서는 그냥 홍콩 시민이고, 내가 사는 아파트의 주민이다. 내가 영화와 일상의 구분을 못한다면, 당연히 다른 사람들이 나를 그렇게 볼 것이고 내 인생의 허구와 실재가 구분이 안 될 것'이라고 했습니다.

주윤발의 이 말이 어찌 보면 온오프 스위치의 가장 적절한 예가 되지 않을까요.

지하철을 타고 이동하고, 강아지들을 이끌고 산책하고, 친구들과 음식점에서 격 없이 식사하는 성우 씨의 일상생활이 성우 씨의 삶을 무대와 구분하여 더 행복하게 만들고 있는 게 아닌가 싶어요.

오래 함께한 관계일수록,
상대가 이 정도는 알아챌 거라고 생각할 수 있죠.
이 말은 맞기도 하고 틀리기도 합니다.

가운의 무게

한덕현

제가 진료할 때 입고 있는 의사 가운의 무게는 불과 몇백 그램에 불과합니다. 일반 가정집 커튼보다도 얇을 거예요. 그런데 그 가운의 무게는 만나는 환자에 따라 바뀝니다.

정신과 1년 차 전공의로 무척 바쁘게 보내던 시절, 시간이 없다는 이유로 의사 가운을 제대로 갈아입지 않았습니다. 때가 꼬질꼬질 묻은 가운을 바쁜 의사의 표상인 양 그냥 입고 병동을 활개 치며 돌아다니고, 환자들을 면담했습니다. 그러던 어느 날, 진료실에서 어떤 분이 저에게 이렇게 말씀하시더라고요.

답답해서 찾아왔습니다

"선생님, 바쁘신 것은 알겠는데, 그리고 바쁜 거 알아달라고 더러운 가운 그냥 입고 다니시는 것도 알겠어요. 그런데 선생님과 면담하고 있는 저는 상당히 무시받은 느낌이에요. 저는 선생님과 면담하는 이 시간만을 기다렸다가 선생님을 만납니다. 그런데 선생님 소매에 묻은 꼬질꼬질한 때와 가운 앞주머니의 볼펜 얼룩들을 보면, 선생님은 저와의 면담 시간을 정말 하찮게 보시는 것 같아요."

처음 이 말을 들었을 때, 당황스럽기도 하고 창피하기도 하고, '척'이 아니라 정말 바빴던 저에게 까다롭게 구는 것 같은 환자분의 말에 서운한 감정도 들었죠. 그래서 의국으로 돌아와 한 선배에게 이 이야기를 했습니다. 그랬더니 선배님은 제게 이렇게 말하셨어요.

"한 선생, 비싼 돈 내고 고급 호텔 레스토랑에 갔는데, 웨이터나 웨이트리스가 다 떨어진 넝마나 냄새나는 옷을 입고 서비스를 하면 기분이 어떨까? 그곳에서 값비싼 비용을 내고 식사할 마음이 생길까?"

선배의 이야기를 듣고 나서 저는 가운의 무게가 얼마나 무거운지 새삼 깨닫게 되었습니다.

가끔은 가운이 저를 가둔 적도 있습니다. 마치 중세 시대 기사들이 입는 갑옷처럼, 의사 가운이 의사가 가져야 하는 품위, 태도, 인상 등을 상징하고 있기 때문에 그것을 입고 있을 때는 저도 모르게 그렇게 되려고 노력하는 거죠. 슈퍼맨이 가슴에 S자가 박힌 옷을 입을 때와 양복 입을 때 다른 것과 비슷하다고나 할까요.

가운 앞주머니에 붙어 있는 '정신건강의학과' 마크를 보고, 저와 한마디 말도 섞지 않으려는 환자분들도 있습니다. 그 가운을 입고 있는 의사와 말을 하면 자신이 '정신병자'로 변해(?) 나중에 취직하거나 사회생활을 할 때 아주 큰 화를 입을지 모르니, 저를 마치 전염병에 걸린 사람처럼 피하는 환자분들도 있었어요. 사실은 전혀 그렇지 않고 누군가의 잘못된 선입견인데 말이죠.

저 개인적으로는 또 속어가 만드는 선입견이 안타까울 때가 많습니다.

흔히 짐승 같은 범죄나 잘못을 저지른 사람들을 보면 대개 조금도 주저 없이 '미친놈'이라거나 '미쳤다' '제정신이 아니다'라고 이야기를 합니다. 그래서인지 마음 아픈 사람들이 오해를 받는 경우가 많습니다. 정신과 환자가 모두 공격적이고, 범죄를 저지를 확률이 높고, 언젠가 나에게 해를 입힐 것 같은 나쁜 사람으로 낙인을 찍는 경우가 많은 거죠.

그런데 실제 범죄율을 보면 그렇지 않습니다. 전체 인구의 범죄율은 3.9퍼센트 정도인데, 정신과 환자의 범죄율은 0.14퍼센트 정도입니다. 그리고 강력 범죄율도 일반인에서는 0.065퍼센트인데 반해 정신과 환자에서는

0.014퍼센트입니다. 그런데 그냥 생각 없이 내뱉는 속어가 그런 선입견을 만드는 것 같습니다. 이런 선입견들이 없어져야 마음이 아픈 분들이 병원을 찾는 문턱이 낮아질 텐데 말입니다.

무언가를 상징하는 유니폼은 오랜 기간 동안 쌓아놓은 직업과 역할에 대한 좋거나 나쁜 선입견을 대변하는 것 같습니다. 그래서인지 아주 짧은 대화 한 소절, 눈빛 하나만으로도 유니폼은 그 무게가 변하는 정말 신기한 물건인 것 같아요.

그러고 보니 성우 씨에게도 유니폼이 있나요?

가죽잠바의 멋

이성우

저의 유니폼은 가죽잠바예요. 전 가죽잠바를 입으면 전의가 불타올라요. 록 음악과 가죽잠바는 떼려야 뗄 수 없는 관계죠. 원래는 오토바이 라이더의 부상을 방지하기 위해 입던 옷이 가죽잠바래요. 미끄러지거나 자빠졌을 때 연약한 피부를 보호하기 위해 자기의 몸을 동물의 가죽으로 보호하던 게 시작이라 하더라고요. 또 오토바이는 록 음악이랑 거친 이미지의 상징이 아니겠습니까? 뭐 그렇게 자연스럽게 가죽잠바가 무대에 오르고 그러다 유행되었다고 하더라고요.

저는 신기하게도 이런 가죽잠바를 입고 거울을 보면 제가 막 뭔가 된 것 같고 인상이 자연스럽게 찡그려지며 반항심이 올라옵니다. 거기다 닥터마틴 부츠까지 신으면 이건 뭐 끝난 거죠. 세상에 나쁜 짓은 다 하고 다닐 것 같은 룩이 완성됩니다. 지금 이 순간에도 가죽잠바의 영감을 최대한 끌어올리기 위해 가죽잠바를 입고 자크도 끝까지 올려서 꽤 불편한 자세로 글을 적고 있습니다.

가죽잠바를 좋아하는 이유는 너무 많고 많아서 다 적기가 어려울 정도인데, 일단은 너무 멋있어요! 제 생각엔 저랑도 너무 잘 어울립니다. 제 캐릭터를 가장 잘 살려준다고 생각해요. 무대 위에 올라갈 때 가죽잠바만 입어도 어지간히 멋이 난다니까요.

요즘은 다들 라이더 재킷이라는 단어를 많이 쓰는데 전 어렸을 때부터 써왔던 가죽잠바라는 단어가 참 좋습니다. 외국 영화나 록 밴드들을 보면서 나도 저런 옷을 입고 싶다고 생각했거든요.

영화 〈터미네이터〉에서 아놀드 슈워제네거가 입고 있던 검은색 가죽잠바는 안 그래도 거칠어 보이는 아놀드형을 더 카리스마 있고 소위 말해 '까리하게' 보이게 했죠.

거기다 제가 좋아하는 밴드들은 다 가죽잠바를 입고 있었는데 그 가죽잠바를 입고 기타를 치고 노래를 하는 모습은 세상 멋져 보였어요. 마산의 코흘리개 꼬맹이였던 저는 어른이 되면 꼭 저런 가죽잠바를 사겠다고, 저 잠바에 어울리는 사람이 된 제 모습을 상상하고는 했습니다.

그러다 어른이 되었고 서울에 왔으니, 저는 가장 먼저 가죽잠바를 사려면 어디를 가야 하냐고 물었습니다. 이태원으로 가라하더라고요. 이태원에 가면 엄청 많을 거라고. 그래서 가보았는데 제가 딱 원하는 잠바는 없었어요.

다들 요란한 장식과 쓸데없는 그림들에 미국형들이 좋아할 것 같은 디자인들밖에 없었는데 그냥 오기 뭐하고 해서 그나마 덜 요란한 걸로 사서 등에 그려져 있는 그림들을 스프레이 래커로 제가 원하는 문구를 그려서 덮어버렸어요.

그게 제 첫 번째 가죽잠바였죠. 생애 첫 가죽잠바 치고는 막 애정이 있던 잠바는 아니었고 그냥저냥 입고 다니던 잠바였어요. 결국 그 잠바를 갖고 싶어하는 후배에게 주고 전 다시 이태원으로 향했습니다.

그곳에서 만난 2대 가죽잠바에 또 이런저런 낙서도 하고 패치도 붙이고 가시 같은 찡도 붙이고 이쁘게 꾸몄죠. 이 가죽잠바가 〈바다사나이〉 뮤비에 나오는 가죽잠바입니다. 그 가죽잠바 입고 공연 정말 많이 다녔어요. 그 잠바도 친한 후배에게 물려주었네요.

3대 가죽잠바는 일본에서 만났습니다. 사이즈도 가죽의 질도 몸에 딱 붙는 그 느낌도 너무 좋아서, 한동안은 잘 때도 입고 자고 일어나서도 가죽잠바를 만지면서 행복해했던 기억이 있네요.

제가 3대 가죽잠바에게 쏟아부은 애정은 정말 이루 말할 수가 없습니다. 좋다는 가죽 세정제나 보습제는 다 사서 바르고 오죽하면 노브레인 노래에도 등장합니다. 〈위스키블루스〉라는 곡의 "낡고 낡은 내 가죽잠바 내 마음을 아려나?"라는 가사는 저 3대 가죽잠바를 두고 하는 이야기죠.

지금은 가죽잠바가 기하급수적으로 늘어났고 다른 멋진 가죽잠바도 많이 가지고 있지만 3대는 여전히 저에게 최고의 가죽잠바입니다.

제가 얼마나 가죽잠바를 좋아하냐면요, 주머니에 몇천 원 달랑 있던 시절 목욕탕 가면 거기 있는 로션을 잠바에 듬뿍 펴 발랐어요. "잠바야, 예뻐져라, 예뻐져라" 주문을 외우면서 말이에요. 이렇게 애지중지하면서 하나둘씩 모았는데 이젠 가죽잠바를 직접 만드는 지인 덕분에 저만의 커스텀을 부탁해 입을 수도 있어요.

새삼스레 뭐 이 정도면 '나 성공했다!' 싶기도 하네요. 사랑하는 무대에 어떤 모양 어떤 색의 가죽잠바를 입고 오를지 고민할 정도이니 말이에요. 성공이 별거인가 싶어요.

대중목욕탕에서 해방감을 느끼고 싶다

이성우

오늘 샤워를 하는데 수증기가 욕실을 꽉 채우니 문득 이런 생각이 떠올랐습니다. '김이 모락모락 올라오는 뜨거운 탕에 따악 들어가서 온몸을 따뜻하게 데우면 얼마나 좋을까?'

어른이 되고 보니 목욕탕에 가면 모든 사람이 평등해지는 것 같아 좋습니다. 저도 제 몸을 감싸고 있던 각종 브랜드의 옷과 장신구를 다 벗고, 몸무게 한 번 재고선 까칠한 수건 한 장 챙겨 욕탕의 문을 열고 들어가면 뭔가 해방감이 들면서 저절로 무장해제됩니다. 거친 세상을 살고자 돋친 가시들과 품은 독들이 사라지는 듯해요.

제가 옷을 벗고 목욕탕 안으로 들어갈 때 제 몸의 타투로 시선이 집중될 때가 있습니다. 한번은 머리를 감다가 감았던 눈을 잠시 떴을 때 어떤 분이 저와 눈이 마주치자 황급히 고개를 돌리시더라고요. 그때 태어나서 처음으로 타투를 한걸 후회했네요. (그때 놀라셨던 분 죄송합니다. 꾸벅.)

전 뜨거운 온탕에서 딱 5분 채우고 냉탕으로 들어가는데, 뜨거웠다가 차가웠다가 왔다 갔다 하는 게 재미있습니다. 뭐랄까 제 신경계를 자극했다가 다시 릴렉스하게 만들어주는 게 단짠단짠 음식을 먹을 때와 비슷하다고 할까요.

저의 할아버지는 늦게 본 손자인 저와 제 동생을 끔찍히 아끼고 귀여워하셨는데 같이 목욕탕이나 온천을 다니길 좋아하셨어요. 저도 할아버지와 함께 가는 길이 언제나 설레서 좋아했습니다.

어렸을 땐 목욕의 마지막 세리머니로 꼭 바나나우유나 흰 우유를 마셨습니다. 언젠가 친한 동생과 목욕탕을 갔는데 그 친구는 목욕이 끝나면 꼭 포카리스웨트를 마셨습니다. 저도 따라 마셔봤는데 나쁘지 않더라고요. 이런 기분, 다시 느끼고 싶습니다.

그간 코로나 때문에 문을 닫는 목욕탕이 많아졌습니다. 목욕탕을 이렇게도 좋아하는 저도 코로나 이후엔 딱 두 번밖에 못 가봤다니까요…. 목욕탕 경영하시는 분들 얼마나 힘드셨을까요.

얼른 닫았던 많은 목욕탕이 문을 열고 저의 묵은 때들을 다 벗겨주었으면 좋겠습니다. 집에서만 씻으려니 강에서 수영하는 기분이라 영 씻는 게 재미가 없습니다. 대신 바다처럼 넓은 목욕탕에서 시원하게 씻고 싶네요.

답답해서 찾아왔습니다

무기력에 빠지지 않기 위한 일상의 의미 부여하기

한덕현

지금은 코로나19가 인류 역사상 가장 무서운 전염병으로 생각될 수도 있지만, 사실 의학적으로 역사상 인류에게 가장 큰 피해를 입힌 전염병은 페스트라고 볼 수 있습니다. 14세기 유럽 인구의 50퍼센트 이상이 이 병으로 사망했고 전체 인구가 3분의 2로 줄었다고 하니, 당시 사람들은 정말 무시무시한 공포의 나날을 보냈을 거예요.

지금이야 방역 기준도 있고 WHO 및 정부의 통제도 있고 해서 사망률도 낮추고 전염률도 낮추려고 노력하고 있지만, 그 당시에는 그냥 신에게 기도하는 수밖에 없었으니 삶과 생명에 대한 소중함이 남달랐을 것 같습니다.

그래서인지 인간 자체가 귀하게 생각되기 시작했습니다. 그 이전에 유럽 문화의 근간을 이룬 것은 기독교와 봉건제도였습니다. 신부와 왕, 귀족들을 위해서 농노들은 무작정 착취를 당해야 하고 그들의 삶은 종교 및 정치 지도자들에게는 전혀 중요하지 않았습니다.

그런데 인구가 확 줄어들기 시작하면서 농사를 지을 사람들이 없게 되니까, 비로소 왕과 귀족들이 '사람'을 귀하게 여기기 된 것이죠. 그래서 소위 인본주의가 싹 트고 '르네상스'가 시작되었죠.

그런데 이 페스트가 14세기에 처음 인류를 휩쓴 것이 아니라고 하네요. 이미 6세기에도 페스트가 유럽을 휩쓸어서 그 당시 강대국인 동로마제국을 강타했고 도시 인구의 40퍼센트를 사라지게 만들었다고 합니다. 그런데 이렇게 동로마제국을 비롯한 유럽 전역이 페스트로 죽어갈 무렵 아라비아 사람들은 안전했다고 합니다. 그들은 사막에 살기 때문에 페스트의 숙주인 곰쥐가 살 수 없는 환경에 있었던 것이죠. 그래서 그 시기부터 아라비아인들은 번창하기 시작합니다. 스페인부터 시작하여 당나라 서쪽에 이르는 거대한 제국을 건설하게 되었습니다.

코로나 팬데믹 이후 포스트 코로나를 위한 대책 등 다양한 이야기가 나오지만, 다른 사람을 만나지 못하고, 과

거의 내가 즐기던 것을 못하게 되어 답답한 현 시점에서 그런 이야기들은 큰 위로가 되지 못하는 것 같습니다. 다만 현실적으로 필요한 것은 '어떤 방식으로든 버텨내야 한다'는 것이죠.

동물에게 피할 수 없는 신체적 스트레스를 주면 처음에는 그 스트레스를 피하려고 노력하지만, 나중에는 포기하고 가장 편한 형태의 위축된 자세를 보입니다. 인간도 마찬가지죠. 만약 이런 시기가 지속되고 더 길어진다면 스트레스를 이겨내려는 노력보다는 자포자기한 상태로 그냥 멍하니 지내게 될지 모릅니다. 2년이 넘는 코로나 방역 생활 동안 이 무기력에 빠지신 분도 있습니다.

무기력에 빠지면 일단 자신이 평소에 하던 일상생활에 대한 의미를 잃어버립니다. 밥은 먹어 뭐하나, 잠은 자서 뭐하나, 일은 해서 뭐하나…. 그러니까 잠을 자는 것도 아니고 일을 하는 것도 아닌, 하루 종일 멍하니 있게 되는 것이죠. 그러면 평소 하던 규칙적 생활도 안 되고, 일을 하든 쉬든 간에 자신이 하는 모든 행동에 대한 의미를 잃어버리게 됩니다.

그런데 지금보다 더한 과거 페스트 시대에도 인류는 버티고 이겨내어 르네상스를 만들고 세계를 호령하는 강력한 제국을 건설했다는 것을 잊지 말아야 합니다.

지금 성우 씨가 그리워하는 소박한 과거에 대한 생각

이 어쩌면 가까운 미래에 더 창조적인 무엇으로 변형되어 나오지 않을까요. 직선적이고 솔직한 노브레인의 음악이 지금 웅크리고 있는 많은 사람들의 작은 소망을 시원하게 이야기해줄 수 있을 테니까요. 노브레인의 새로 나올 노래 제목 중에 혹시 '바다 같은 목욕탕' 같은 곡도 있지 않을까요?

"거친 세상의 가시들이 품고 있는 독들을 무장해제하자….."

이렇게 시작되는 신나는 사운드의 새 노래가 아침 출근 길 라디오에서 들려 오기를 바랍니다. 무기력에 빠질 지도 모를 일상생활에 의미를 부여하고, 규칙적이고 계획성 있는 생활이 너무도 당연한 하루를 시작하는 노래 말이에요.

나이 들어서 무슨 록이야

이성우

"형! 나 형한테 뭐 하나 물어보고 싶어. 형은 아직도 무대 위에서 고함 지르는 게 진심으로 행복해? 나 진짜 궁금해서 그래."

지금은 밴드 활동을 그만두고 먹고살기 위해서 직장을 다니는 친한 동생이 술 몇 잔에 얼굴이 빨개진 상태로 퉁명스럽게 말했습니다. 저는 빈 잔에 맥주를 따라서 한잔 벌컥 들이켜고 이렇게 답했죠.

"야, 내가 행복하지 않으면 왜 이 일을 계속하겠냐? 당연히 행복하지."

친한 동생 놈은 아무리 봐도 뭔가 좀 많이 꼬여 있는 상태인 것 같았어요. 왁자지껄한 고깃집에서 다른 사람들 소리에 지지 않을세라 그 친구도 목소리를 높이는데 저는 별 대꾸 없이 술이나 따라주며 이야기를 들어주다 보니 자기의 속내를 꺼내놓기 시작하더군요.

어렸을 땐 돈이 없어도 행복했다고 합니다. 그냥 라면만 먹고도 계속 살 수 있을 것 같았고 다른 누군가와 자기 자신을 비교하지도 않고, 밴드 멤버들과 연습하고 큰 무대는 아니어도 작은 클럽에서 공연하는 시간들이 너무 행복했다고 해요. 생활비는 시간 날 때마다 아르바이트해서 벌었고 그걸로 연습실 월세도 충당했는데, 나중엔 연습실에서 먹고 자며 집세도 아끼면서 몇 년이란 시간을 보냈죠.

근데 어느 날 갑자기 '현타'가 왔다고 했습니다. 점점 나이는 먹어가는데 음악으로 돈은 못 벌고 통장처럼 인생도 마이너스가 되어가는 기분을 견딜 수 없었다고 해요. 이대로는 안 되겠다는 생각에 밴드를 해체하고 애지중지했던 기타를 팔고 염색한 머리도 다 자르고 한 회사에 취직을 해버린 거죠. 그 이후로 음악 하는 사람들은 꼴도 보기 싫어서 연락하지 않고 살았다고 했습니다.

그로부터 몇 년의 시간이 흐르고 본인의 생활이 어느 정도 안정되다 보니 음악 하는 사람들도 만날 여력이 생겼고 지금 이렇게 제 얼굴도 볼 수 있게 되었다고 했어요.
그런데 이 동생 놈이 한 잔 두 잔 술에 취해서는 선 넘는
말을 조금씩 하더니 결국 일이 터졌습니다.

"형! 그렇게 나이 들어서 록은 무슨 록이야. 이제 나이
에 맞게 살아야지!"

선생님, 저 말을 듣는데 제 속이 부글부글 끓지 않겠
어요!

"야 이 새끼야. 나이 먹었다고 록이 뭐냐고 그러면 70이
넘었는데도 여전히 헤비메탈하고 있는 주다스 프리스트
할배들은 뭔데? 그리고 니가 지금이 얼마나 행복하고 즐
거운지는 난 모르겠는데, 그렇다고 너랑 나랑 함께했던 추
억을 싸구려 취급하면 안 되지! 진짜 기분 더럽네."

이 새끼, 아니 이 동생도 좀 미안했나 봅니다. 조금 수
그러든 모습을 보이면서 멋쩍게 담배를 피우러 나갔거든
요. 그 후로 밴드에 대한 이야기는 한마디도 하지 않고 서
로 다른 이야기나 하면서 술 몇 잔 더 마시다가 헤어졌습
니다.

며칠 후에 그 친구로부터 장문의 카톡이 왔어요. 자기
가 술자리에서 오버했다면서, 밴드를 못 하게 된 일에 괜
한 자격지심이 들어 시비를 걸어 미안하다는 사과의 메
시지였죠. 좋아하던 밴드를 못 하게 되니 대판 싸우고 안
좋게 헤어진 전여친처럼 음악이 미워져서 그랬다고요.

허, 참.

그런데 저 만나고 이야기하다 보니 왜 그렇게까지 멀리 하고 미워했었나 하며 반성도 했고 예전처럼 열심히 밴드 활동은 못 하겠지만 혼자서 기타라도 다시 쳐보려고 기타도 샀다며 검정색 펜더 스트라토캐스터 사진을 함께 보내주더라고요. 저는 지극히도 중2병 같은 답장을 보내줬습니다.

"씨×놈아. 우리는 죽었다 깨나도 로큰롤이야."

"ㅋㅋㅋㅋㅋㅋㅋㅋㅋㅋㅋㅋㅋㅋ"

제 답변에 동생도 마음이 놓인 듯해서, 저도 모르게 씩 웃었네요. 거짓말 조금 보태서 그 미소는 자기 전까지 제 얼굴에서 가시질 않더니 다음 날 잠에서 깨어날 때까지 이어졌습니다.

제가 선생님께 자기 자신이 걸어왔던 과거를 부정하는 건 자기 존재 자체를 부정하는 것이라고 배웠잖아요. 다음에 동생에게도 꼭 알려주어야겠습니다.

언제 이 늪에서 빠져나가지

한덕현

그러고 보니 저도 성우 씨와 거의 똑같은 이야기를 들은 적이 있습니다. '그렇게 살아서 행복해?'라는 말이요.

저희 연구팀은 일 년에 10여 개의 연구비 지원을 해서 한두 개 정도 당첨이 됩니다. 1개의 연구비 지원을 위해서 우리 연구원들은 2~3주일 정도는 평일 오후와 주말을 반납하죠. 누가 하라고 하지도 않는데 하게 됩니다. 그렇게 힘들게 조이면 누구 하나 떨어져 나갈 만도 한데, 용하게도 버티고 있는 것이죠. 우스갯소리로 우리는 연구비 지원이 끝나고 나면 소주 한잔 걸치면서 이건 '늪'이라고 이야기하죠. 그런데 이 '늪'이 묘하게 우리 연구팀의 뭔가를 떠받치고 있더라고요.

우리 연구팀의 한 축을 담당하고 있는 배 박사는 저와 20년 된 동료입니다. 제가 꼬꼬마 의사 시절부터 함께 연구하고 고민하고 같은 스승님 밑에서 비슷한 코스를 밟아 가며 공부했습니다. 서로의 눈빛만 봐도 무엇을 해야 하고 무엇을 지적해야 하고, 얼마나 지쳐 있고 또 힘이 나는지 압니다.

일 년에 10여 번의 연구 과제 지원을 하고 20여 개의 논문을 내는 과정에서 도망가고 싶은 마음이 없는 과제 책임자는 없을 것입니다. 그런데 도망 갈라치면, 배 박사가 문 앞을 막고 있죠. 그리고 은근히 우리의 20년 전 초심에 대해 말합니다. 세계에서 제일 유명한 연구실은 아니더라도, 단단하고 오래가며 한 가지 주제를 제대로 연구하는 팀이 되자는 다짐이죠.

연구팀의 또 한 축은 저의 제자이자 이제는 동료가 되어버린 김 교수입니다. 김 교수는 저의 첫 제자입니다. 제가 맡은 첫 석사 학생이자 박사 학생이었고, 훌륭하게 자라서 동료 교수가 되었습니다. 연구비 한 푼 없던 시절에도 서로를 격려하고 묵묵히 믿어주었던 가장 의지할 만한 동료죠. 소리를 지르지도 화를 내지도 않지만, 카리스마 짱입니다. 자기 박사 지도 교수인 저와 '동료'라는 타이틀이 무색하지 않습니다. 제가 틀리면 틀리다고 이야기해줍니다. 각자의 생각을 가지고 토론해야 하는 학문적 동료로서 부족함이 없습니다.

그런데 우리 셋은 성격이 완전 다릅니다. 저는 덤벙대고 대충하고 직선적인데 반해 배 박사는 꼼꼼하고 빈틈이 없습니다. 김 교수는 예측력이 좋고 정이 많아서 조직 구성원의 결집력을 단단하게 해줍니다. 이런 다름이 서로 간의 믿음이라는 교합 물질을 통해 공고히 유지되고 있는 것 같습니다.

주변에서는 '그렇게 사는 게 행복하냐'고도 묻고, 그렇게 용하게 버티고 있는 우리들이 만나 이야기할 때 꼭 나오는 말도 '언제 이 늪에서 빠져나가지?'라는 것입니다. 그런데 늘 질문의 대답은 있습니다. 우리 연구팀에는 소중한 사람들이 너무 많습니다. 저, 김 교수, 배 박사 셋이 가졌던 초심과 순수한 마음을 이어 나가면서, 구성원들이 조금 더 도전적으로 자기 뜻을 펼칠 수 있는 안정적 장을 마련해야겠지요. 이 답을 되뇌고, 되새기며 술자리를 마감하고는 합니다.

그러다 셋 중 하나가 "이번 과제도 지원을 해야 할까요?"라고 하면 "씨×놈아. 우리는 죽었다 깨나도 지원이야"라고 시원하게 말하고 싶지만 그렇게 못해요. 도덕적인 김 교수가 두 눈을 부릅뜨고 '욕하지 마시라'고 할 겁니다.

무대와
징크스

이성우

저희 멤버들은 언제나 저를 응원하고 걱정해주는 고마운 존재입니다. 오래 입으면 입을수록 몸에 착착 감기는 에이징이 잘된 가죽잠바처럼 제 몸에 딱 맞아서 이제 다른 걸 입고 있는 걸 상상하고 싶지 않아요.

무대 중앙에서 집중해서 노래를 하다 보면 멤버들의 모습을 보지 못할 때가 많은데 양옆과 뒤에서 빵빵하게 연주해주는 멤버들이 있다는 사실이 정말 든든해요.

올해 3월에는 오랜만에 공연이 있었습니다. 공연도 오랜만인데 밀양이라는 꽤 먼 곳까지 가려니 소지품으로 뭘 챙겨야 하는지 잘 생각나지 않더라고요. 예전에 스케줄이 바쁠 땐 한 달에 이틀 정도 쉴까 말까였고 하루에도 공연이 두세 개가 기본이었죠. 그래서 그때는 챙겨야 하는 물건이 가방 안에 언제나 준비가 되어 있었어요.

전날 밤 서툰 손놀림으로 느릿느릿 공연 때 입을 옷, 왁스, 물을 챙기고선 간단하게 요가로 몸과 마음을 풀어주었습니다. '요즘은 노래 연습에다 유튜브도 하고 이리저리 부산하게 움직이다 보니 일찍 자고 일찍 일어났네'라고 생각하며 마지막으로 누워서 영웅자세를 취한 뒤 넨네를 껴안았습니다. 저도 모르는 사이에 꿈나라로 갔는지 눈 떠 보니 아침이었습니다. 가습기를 빵빵하게 틀어놓고 잔 덕분에 밤새 잘 자서 목도 부드러웠어요.

오랜만에 차를 타고 목적지로 향하는데 거리는 여전히 그대로인 듯하면서도 많이 변해 있었어요. 자주 가던 라멘집은 다른 가게로 바뀌어 있었고 흰 종이에 검은 글씨로 크게 임대라고 적혀 있는 가게들도 꽤 보였습니다. 그 광경들을 보니 그동안 저 혼자만 멈추어 있던 건 아니었나 싶은 게 묘한 기분이 들었죠. 아파트단지도 보이고 푸른 나무로 뒤덮인 산도 보이고 공장들도 보이고 간만에 봐서 그런지 신기했어요.

휴게소에서 식사도 정말 오랜만에 했습니다. 체온 체크

도 없어졌고 4명이 앉아 먹을 수도 있었고요. 한동안 칸막이로 가로막힌 채 한 명씩 떨어져 먹어야 했으니, 뭔가 기분 참 묘했습니다. 요즘은 순식간에 훅훅 변하니 적응도 빨라야 하죠. 밀양으로 가는 차도 빨랐으면 했지만 강변북로인가 강변대로인가 여전히 차가 더럽게 많았습니다.

오랜만의 공연은 어떨지, 공연을 할 때 멤버들과 하나가 되는 짜릿한 그 순간을 기대하면서 우리 노래 〈최고의 순간〉을 흥얼거렸습니다. "두려움과 설렘, 들뜬 마음 안고서 영원한 건 없지만 우린 꿈을 꾸고 있지. 최고의 순간은 바로 지금, 이 순간이야."

어느새 공연장에 도착해서 물 한잔 마시고는 리허설을 시작했습니다. 며칠간 이 공연을 위해서 다들 연습하긴 했지만, 오랜만이다 보니 모두들 어색해하고 조금은 긴장한 모습이었어요.

마음은 든든했지만, 오랜만이라 그런지 리허설에서 노래가 잘 안 나왔습니다. 멤버들도 조금 여유롭지 못한 플레이가 나왔고요. 현성이의 드럼 소리가 그날따라 유독 세게 들렸는데, 넓은 공연장이다 보니 드럼의 울림이 좋았습니다. 긴장감이 사라지고 다시 기분이 좋아졌네요. 나중에 현성이에게 들어보니 그때 드럼이 마음대로 안 쳐져서 본인은 속이 상했다 하더라고요. (현성아, 넌 앞으로 계속 안 쳐져야 되겠다.)

공연이 시작되고 앞 순서의 레이지본 무대를 보며 대기했습니다. 레이지본의 무대는 언제나 그렇듯 신났죠. 노래하는 준다이는 씩씩하고 긍정적인 에너지와 익살스러운 표정으로 사람들을 즐겁게 해줍니다. "공연 종료 20분 남았습니다"라고 콜을 주시는 스태프의 소리에 스트레칭으로 몸을 풀다가 화장실로 가서 제가 지를 수 있는 최대한의 고함을 한번 빡! 지르고 무대 위로 올라갔습니다.

보통 노래의 세트 리스트를 짤 때 초반에는 관객들에게 쏘아붙이는 식의 곡을 몰아넣습니다. 제가 던지는 공이 스트라이크든 볼이든 '난 그냥 던질 테니 치려면 치고 말려면 말아라'는 투수의 심정이라고나 할까요? 그러다 관객과 우리의 서로 격렬한 인사가 끝나면 이제 슬슬 풀어지는 리스트로 바꿉니다. '이제 천천히 던질 테니 우리 캐치볼이나 하죠' 하는 리스트로 변하죠. 이때부터 관객들의 표정들이 서서히 풀어지고 미소가 번집니다. 비록 마스크를 써서 눈밖에 볼 수 없지만, 그 눈웃음들이 너무 선명했어요.

〈비와 당신〉이란 노래를 할 때면 슬슬 무대도 마무리 단계에 접어들고 〈넌 내게 반했어〉로 40분 무대를 마무리 짓습니다. 열기가 식지 않은 관객들이 박수와 함께 앙코르를 외쳐주시니 그냥 바로 앙코르 곡을 불렀습니다.

무대에서 시원하게 노래 부를 수 있던 지금 이 순간과 관객들에게 너무 감사해서 무릎을 꿇고 관객의 눈높이에 맞추어 박수를 쳐 감사를 표했습니다. 50대 초반 정도 되어 보이는 남자분이 우리의 무대에 감격하시고선 기립박수를 보내시는 걸 보며 무대를 빠져나오는데 너무나도 뿌듯하고 감동적이었습니다.

제가 이래서 음악을 합니다! 제 노래 얼마든지 들려드려야지요! 밴드를 하면서 가장 황홀한 순간이라면 하나의 비트에 우리 노브레인 네 명의 에너지가 하나가 되어 발사될 때입니다. 3월의 이날이 그랬어요!

참, 제게는 공연 전 무대 위로 올라가기 전에 꼭 화장실을 가는 버릇이 있습니다. 꼭 가야 하는 상황이 아닌데도 소변을 보고 올라가요. 네, 징크스 맞아요. 무대 위에 올라가기 전에 껌을 씹는 사람, 스트레칭을 하는 사람, 아니면 멍하니 있는 사람, 유난히 말이 많아지는 사람도 봤네요. 특별한 이유가 있을 수도 있지만 대부분 저처럼 아무 생각 없이 그냥 하는 것 같았어요.

또 전 티베트 금강저 목걸이를 하고 있으면 뭔가 힘이 나는 것 같아서 늘 차고 다닙니다. 미국에서 녹음할 때 프로듀서였던 줄리안 형이 제 목걸이를 궁금해하길래 "이거 나한테 부적이에요, 형. 형도 이런 부적 좋아해요?" 했더니 대답 대신 호주머니에서 무언가를 한 움큼 꺼내 보여주더라고요. 펜던트, 동전, 돌멩이 등등, 다 들고 다니려면 꽤 무거울 잡동사니를 다 꺼낸 뒤에야 "난 이것들 매일 가지고 다녀"라고 말했어요. 그래미상도 받았던 형인데 이 멋진 사람도 이런 징크스가 있다는 게, 또 서양인도 부적 같은 게 있다는 게 정말 신기했네요.

물론 제가 금강저 목걸이를 하지 않는다고 세상이 무너지지도 않고, 무대에 오르기 전에 화장실에 가지 않는다고 해서 공연 도중에 뛰쳐나가지도 않겠죠. 근데 왜 다들 이런 행동들을 하는 걸까요? 덕현 선생님께서 본 가장 독특한 징크스는 어떤 게 있었나요? 그리고 선생님도 징크스 있으세요?

루틴과 징크스

한덕현

"난 그냥 던질 테니 치려면 치고 말려면 말아라." 이렇게 자신감이 있어야, 노브레인이죠!

전 헤비급 세계 통합 챔피언 마이크 타이슨의 말도 생각납니다. '누구나 계획은 갖고 있다. 나에게 맞기 전까지는 Everyone has a plan, until they get punched in the mouth.'

마이크 타이슨의 최전성기 때, 그를 상대할 복서가 없었습니다. 물론 나중에는 자만해서 타이틀을 허무하게 반납하고, 다른 복서의 귀를 물어뜯는 비겁함을 보이기도 했지만, 이 말은 정말 '자신감'의 참 의미를 보여주고

답답해서 찾아왔습니다

있는 것이 아닌가 생각합니다. 타이슨은 철학자도 아니고, 유명한 심리학자도 아닙니다. 아마도 타이슨은 이 말이 '나 자신에게 집중하여 내가 하는 일을 즐기면, 다른 사람이 뭐라 하고 방해하더라도 성공할 수 있다'는 의미까지 담고 있는지는 몰랐을 것입니다. 하지만 타이슨의 말은 이후에 많은 다른 스포츠 분야의 선수들이 자신감을 이야기할 때 자주 인용되었습니다.

록 가수가 대중의 반응을 무시할 수는 없지만, 위 말을 인용해보면 다음과 같이 되지 않을까요? "누구나 비난과 비평은 할 수 있다. 내 노래를 듣기 전까지는."

징크스라….

제가 운동선수들과 이야기할 때 가장 많이 하는 이야기 중 하나가 바로 루틴과 징크스입니다. 그리고 이 루틴과 징크스를 선수들의 운동 수행 능력을 향상하고 조절하는 데 많이 이용합니다. 루틴과 징크스는 얼핏 보면 비슷합니다. 그래서 돌팔이 스포츠 정신과 의사 혹은 심리사들은 이 루틴과 징크스를 혼동하여 선수들에게 헛수고를 많이 시킵니다.

비슷한 행동을 하더라도 루틴과 징크스의 가장 근본적인 차이는 이겁니다. 루틴은 그 행동을 하면 할수록 불안을 감소시키게 되지만, 징크스는 불안이 가라앉지 않고 오히려 쓸모없는 동작을 더욱 늘림으로써 내가 하나의 행동을 할 때 더 많은 동작과 에너지가 필요하게 되어 결국 수행 능력을 떨어뜨리게 되는 것이죠.

예를 들어 골프 드라이버를 치기 전에 깃대를 한 번 쳐다보고 빈 스윙을 두 번 하고 심호흡을 한 번 하고 티샷을 하러 들어가는 골퍼가 그 동작들 뒤에 일정한 드라이버 스윙을 구사한다면, 그것은 루틴입니다. 하지만 골퍼가 나는 빈 스윙은 꼭 세 번을 해야지 두 번을 하고 나면 왠지 꺼림직해서 다시 처음부터 깃대 보고, 다시 세 번 스윙하고 심호흡을 하는 과정들을 반복한다면 그것은 징크스입니다. 이것은 강박증의 강박사고 혹은 강박행동과도 비슷한데, 절대로 수행 능력의 향상에 도움이 되지 않습니다.

강박증은 본인의 의지와 무관하게 어떤 생각이나 장면이 반복적으로 떠올라(강박사고) 불안해지고, 그 불안을 없애기 위해서 어떤 행동(강박행동)을 반복하게 되는 질환을 말합니다.

이렇게 본다면 성우 씨의 화장실 가는 행동은 무엇으로 봐야 할까요? 화장실에 가서 단순히 생리 작용을 해결하는 것이 아니라, 손을 씻으며 오늘 공연을 정리해보고, 또 나만의 시간을 1분이라도 잠깐 가지고, 옷 매무시도 다시 한번 확인한다면 이건 징크스라기보다 루틴에 가깝죠.

하지만 예를 들어 '공연장 2층의 화장실을 방문한 날 공연이 성공적이더라, 그러니까 오늘도 꼭 2층 화장실을 이용하고 난 후 공연을 시작해야지' 하는 생각을 갖는다면 그것은 징크스입니다. 만약 2층 화장실이 공사 중이거나 2층 계단에 이미 관객들이 꽉 차 있어 그 화장실을 갈 수 없는 상황이 된다면 공연도 하기 전에 이미 이번 공연은 망쳤다고 생각하겠지요? 스스로 2층에 가면 잘되는 공연, 못 가면 아쉬운 공연이라고 주문을 걸어놓았으니까요.

제가 가지고 있는 징크스는 글쎄요…, 되도록이면 안 가지려고 하는데, 그래도 우리 선배들이 농담처럼 하던 말이 하나 생각나네요.

'유비무환.' 비가 오면 환자가 없다.

루틴은 그 행동을 하면 할수록 불안을 감소시키지만,
징크스는 불안어 가라앉지 않고
오히려 쓸모없는 동작을 늘림으로써
내가 하나의 행동을 할 때
더 많은 동작과 에너지가 필요하게 되어
결국 수행 능력을 떨어뜨립니다.

가짜 작가와 진짜 작가

한덕현

저는 헤세라는 작가를 좋아합니다. 제게서는 나오기 힘든 꼼꼼함과 예술에 대한 완벽성 때문에 끌린 것이지요. 지금까지 저는 "어차피 난 작가는 아니야"라는 자기 방어로 책을 쓸 수 있었기에 어디를 가도 '작가님'이라는 소리가 전혀 제 이야기 같지 않은 느낌이었습니다. 그러면서도 진짜 작가분들께 느끼는 죄의식은 바로 헤세를 존경하는 마음으로 전치된 것 같아요.

《헤르만 헤세의 독서의 기술》중 '소설 한 권 읽다가' 편을 보면, 저처럼 어쭙잖게 글을 쓰는 사람들에 대한 애증 어린 충고와 당부가 나옵니다. 헤세는 다른 작가의 소설을 보다가 호텔 방의 번호가 원래 '11호'였는데 '12호'로 바뀌는 장면이나, 바싹 마른 가뭄 시기에 풍요로운 들판에 활짝 핀 꽃들의 이야기가 나오는 장면을 보고는 해당 작가에게 직접 편지를 써 보냅니다. 그러면서 헤세는 스스로가 소설가의 윤리에 대한 트집이요, 구닥다리 돈키호테가 될 것이라 선언합니다. 여기서 저는 헤세의 글쓰기에 대한 사랑 그리고 디테일에 대한 완성적 프로의식을 엿볼 수 있었습니다.

고백하자면 헤세의 《데미안》《수레바퀴 아래에서》를 읽으면서 자꾸 책의 앞장과 뒷장을 반복해 넘기며 '무슨 일이 있었지?' '이러다 이 책을 언제 다 읽나' 싶기도 했어요. 한 줄의 글을 완성하기 위해, 많은 사상과 논리를 넣었으니 저와 같은 산만한 독자에게는 다시 읽어보고 또 읽어봐야 문맥을 이해할 수 있는 상황이 생길 수밖에 없더라고요. 이런 일은 괴테의 《파우스트》를 읽을 때도 여러 번 똑같이 했던 행동이었죠. 어쩌면 헤세가 괴테를 좋아했을 거라는 생각도 해봅니다.

헤세의 작가 개념을 생각하다 보면 저는 창피해질 수밖에 없습니다. 헤세는 글을 써서 단지 돈만을 추구하는 사람들을 '자유작가'라 이야기합니다. 이 자유작가는 천직이 아닌 많은 사람에 의해 전문적으로 행해지는 일을 하는 사람을 말합니다. 외부의 강제 없이 문학이라 통칭하는 글을 편한 시간에 기분에 따라 이따금 써내는 사람. 직업인이라기보다는 생계 걱정이 없는 백수나 한량. 이런 의미에서 저는 정말 자유작가 혹은 날라리 작가가 아닐 수 없어요.

몇 년 전에 이순재 배우님이 연기에 영혼은 없는데, 인기와 돈만을 추구하는 배우들을 '가짜 배우'라 말하는 걸 본 적 있습니다. 성우 씨, 이런 의미에서 가짜 가수란 무엇이고, 또 진짜 가수란 무엇일까요?

같은 선상에서 가수에게 공정함이란 어떤 것일까요? 그리고 팬들의 공정함에 대해 생각해보신 적 있으세요? 직업상 저는 스포츠 선수들을 많이 만납니다. 흔히 스포츠를 이야기할 때 페어 플레이라는 말을 많이 하죠. 우리말로 하면 공정성이라 할 수 있는데요, 덕분에 저도 공정성에 대해 꽤 자주 생각하게 됩니다.

성우 씨 생각도 궁금하네요.

가짜 가수와 진짜 가수

이성우

가수에게 공정함이란 남의 것을 베끼지 않는 것이라 하고 싶네요. 수많은 음악가와 작곡가가 만들어서 내놓은 곡이 2022년 지금까지 얼마나 많을까요? 이렇게 많은 노래 중 어쩌다 보니 멜로디가 겹쳐 들리는데, 물론 이 경우도 논란이 많죠. 가끔은 정말 남의 멜로디를 교묘하게 훔쳐 와서 자기 것이라고 우기는 사람들도 있습니다.

그리고 팬으로서 공정함이 결여되었다는 건 팬심이 너무 과해 좋아하는 아티스트의 사생활까지 파고들어 아티스트의 집에 찾아가고 그가 가는 곳마다 쫓아가는 것. 그리고 아티스트의 마음을 뒤흔들며 좌지우지하고 싶어 하는 경우를 들고 싶네요. 아름다운 팬 문화에 반칙한 것과 다름없다고 생각해요.

가수라는 게 뭐 다른 게 있을까요? 노래하는 사람이지요. 노래가 뭡니까!? 공기를 들이마셔서 호흡을 내뱉으며 그 호흡 위로 멜로디와 가사를 얹어서 입 밖으로 내뱉으며 감정을 표현하는 노래야말로 인간의 원초적인 행위이지 않을까 싶어요.

가수라면 노래는 당연히 잘하면 좋겠죠. 음정, 박자 이런 게 뒤틀리지 않아야 듣는 사람이 좌불안석이 되지 않을 테니까요. 근데 노래라는 것에 음정과 박자만 있을까요? 감정이란 게 없는 노래가 노래일까요?

다양한 감정들, 분노일 수도 있고 절망일 수도 있고 희망이 될 수도 있고 사랑이 될 수도 있는 그 감정들을 솔직하게 관객들에게 들려주는 것이야말로 진짜 가수라는 생각이 듭니다.

예전에 〈복면가왕〉에 패널로 몇 번 나간 적 있는데 아시다시피 이 프로그램은 노래를 전문적으로 하지 않는 분들도 많이 나오시잖아요. 하루는 운동선수 한 분이 나오셨어요.

당연히 티가 나죠. 노래를 해오던 분이 아니니까요. 음

정도 좋은 편은 아니었고요. 근데 노래를 진심으로 부르시는 모습을 보고선 전 정말 엄청난 감동을 받고 말았어요. 그분의 직업이 가수는 아니지만 그 무대에서만큼은 진짜 가수인 거죠.

노래가 다 끝나고 가면을 벗자 드러난 땀을 흠뻑 흘리시는 모습 또한 정말 감동이었습니다. 그때 전 정말 큰 깨달음을 얻게 되었고 저 자신도 되돌아보게 되더라고요.

돈을 밝히고 안 밝히고 그런 것보다 본인의 감정을 있는 그대로 표현할 수 있느냐 못하느냐가 진짜 가수와 가짜 가수를 가르는 기준이지 않을까 싶네요.

뭐 이런 것도 다들 사람들마다 생각도 다르고 "니가 솔직하게 표현하는지 안 하는지 어찌 알아!"라고 따질 수도 있지만, 그래도 제가 26년 동안 노래했는데 그 정도는 알지 않겠어요?

비주류여서 좋다

이성우

올해로 26년 동안 음악을 해오면서 정말 수많은 난관이 있었습니다. 저 스스로는 음악을 처음 시작할 때 저의 노래로 세상을 뒤집어놓겠다는 포부를 어느 정도 이루었다고 생각합니다

선생님, 저 정말 멀다면 먼 길을 돌아 걸어왔어요. 지금 하는 이 음악이 정말 비주류 중의 비주류였던 적이 있습니다. 물론 지금도 주류라고 할 수 없고 주류에 끼고 싶지도 않지만요. 비주류로 주류를 뒤엎어버리고 싶은 마음이 가득하죠.

아무튼 '라떼 이즈 홀스' 한번 하자면, 요즘에는 라이브클럽에서 공연하는 게 그리 큰 어려움이 따르지 않거든요. 하지만 옛날엔 일반음식점으로 허가받은 술집에서 앰프와 음향시스템을 갖추어 공연을 했는데 사실 이게 불법이었습니다.

원래 공연하려면 세금이 비싼 유흥주점 면허가 있어야 하거든요. 그런 면허도 없이 무대라는 걸 만들어놓고 관객들이 스테이지 다이빙하고 난리를 치니 경찰서에 신고가 들어가는 일이 허다했습니다. 관객들 입장시킬 때 라이브클럽에 경찰이 들이닥치면 그 순간 모든 동작을 멈추라고 일일이 설명해준 적도 있었죠. 단속하는 경찰들과 실랑이 한 날은 수도 없이 많았고, 지금에야 뭐 대수롭지도 않지만 그때 당시에는 어른들이 혀를 끌끌 차던 제 모습 때문에 경찰서에 끌려가기도 하고 별일이 다 있었어요.

그래도 전 물러날 수 없었습니다. 라이브클럽 사장님들을 포함해 저를 응원하던 많은 사람의 서명도 받고 힘을 합쳐 라이브클럽을 문화의 하나로 법제화하고자 데모도 했습니다. 결국 라이브클럽은 문화를 만들어내는 공간이라는 특별성을 인정받아 구청장의 특별 허가 아래 불법이 아닌 합법으로 공연을 이어 나갈 수 있었고, 지금도 홍대의 라이브클럽은 불타오르고 있죠. 제게는 가슴속에 남겨진 소중한 훈장 같은 기억이네요.

전 비주류라는 뭔가 좀 삐딱하고 마이너한 감성이 너무나도 좋아요. 예쁘게 잘 나온 인형들 가운데 못난이 인형 하나 있는 게 임팩트 있고 좋습니다. 비주류는 자기가 비주류라고 이야기한다고 되는 것이 아니라 남이 칭해줘야 비주류가 되거든요. 이건 돈 주고도 살 수 없는 거라고요!

언젠가 우리가 주류가 될 날이 올지 안 올지는 모르겠지만, 혹시 온다고 해도 가슴속의 삐뚤어진 마음만큼은 놓아버리고 싶지 않네요. 뭔가 올바르기만 하고 정석대로 노는 건 저랑은 그다지 맞지 않는 것 같아요. 약간 모나야 정감도 들어요.

왜 따뜻한 비닐하우스에서 크는 꽃들도 이쁘지만 그런 꽃들만 보다 보면 질리지 않으세요? 벌판에서 자기 혼자 홀씨를 날리며 피어 있는 민들레는 또 그것 그대로 예쁘거든요. 민들레가 홀씨를 온 세상에 퍼뜨리는 것처럼 전세계의 비주류가 온 세상에 영감을 퍼뜨리기를 바랍니다!

비주류라는 변형이 주는 재미

한덕현

성우 씨 뜬금없지만 인터넷 게임이 재미있는 이유를 아세요? 제가 20년 동안 스포츠 정신의학만큼 많이 연구한 게임의 비밀을 하나 가르쳐드립니다. 인터넷 게임이 재미있는 이유는 바로 반복과 변형이 적절하게 조화되어 있기 때문입니다.

인간의 뇌는 반복적인 것에 안정감과 다행감을 느끼면서 행복을 느낍니다. 3개월 된 아기에게 딸랑이를 흔들어주면 아이가 까르르 웃지요? 어른인 우리는 그게 뭐가 그렇게 재미있을까 궁금하기도 하지만, 아기 입장에서는 반복된 딸랑딸랑 소리가 안정감 있고 편안하니까 다행감을 느끼면서 까르르 웃게 되는 것이죠. 아기가 조금 더 커서 6개월이 지나 8개월 정도 되면 엄마 아빠가 까꿍 하면 또 까르르 웃습니다. 눈앞에 빤히 보이는 엄마 아빠 얼굴이 잠깐 숨었다가 다시 나타나 까꿍 하면 아이가 또 재미있어하는 것이죠. 눈앞에 빤히 보이던 엄마 아빠의 얼굴이 없어졌다가 또 눈에 보이는 평범한 상황으로 돌아왔기에 아이가 다시 다행감을 느끼며 까르르 웃는 것입니다.

이렇듯 인간은 날 때부터 반복과 변형의 조화를 느끼며 행복감을 느낍니다. 그러다가 청소년의 뇌가 되면 여간한 변형이 아니고서는 소위 '다르다'라는 느낌을 받지 못합니다. 그래서 생물학적으로 청소년의 진취적인 뇌는 '정말' 다른 것을 바라지만, 아이러니하게 그러면서도 반복되는 다행감은 버리지 못하죠.

그래서 게임이 가지고 있는 반복성과 변형성을 만나게 되면 뇌는 다행감을 느끼고 이것을 소위 재미라고 느끼는 것이죠. 특히 MMORPG 게임 같은 경우는 같은 캐릭터 10여 개가 돌아다니지만(repeatition), 그것을 조종하는 서로 다른 유저가 변형을 맛보게 해주니(variation) 뇌가 정말 재미있게 느끼는 것이죠. 이렇듯 우리의 뇌, 심리, 관계는 바로 반복과 변형에 의해 행복을 느낀다고 할 수 있습니다.

그런데 저는 '비주류'도 바로 이 변형에 해당하지 않나 생각합니다. 반복의 일종이지만 '다른 반복'이라서 인간에게 다행감을 주는 것이 아닐까 싶어요. 반복만 있으면 인간의 뇌는 금방 지치기 때문에 지루함을 느끼고 흥미를 잃어버리게 됩니다. 또 변형만 계속되면 인간의 뇌는 어렵다고 느끼고 또 흥미를 잃어버리게 되죠. 그래서 반복과 변형이 적절하게 반복될 때, 재미를 느끼며 지속해서 흥미를 갖게 되는 것입니다.

우리 세상에 소위 '주류'만 있다면 한 분야에서 사람들은 금방 흥미를 잃어버리게 될 거예요. 그런데 '비주류'라는 변형이 있기 때문에 우리는 그 분야에서 흥미를 잃어버리지 않는 것이죠. 그래서 이 주류와 비주류가 같이 있어야 그 분야의 관심과 흥미가 유지될 수 있어요. 이런 의미에서 주류와 비주류는 반대라기보다는 같은 선상에 놓여 있는 다른 포맷의 친구가 아닐까 생각합니다.

25년 전 노브레인이 우리 사회에 던진 비주류의 자극은 분명 신선했습니다. 당시 주류라 생각하던 가수들의 시기와 견제, 혹은 충고들은 단지 노브레인이 싫어서가 아니라 주류와 비주류의 조합을 이끌기 위한 자연스러운 경쟁과 타협이 아니었을까요.

답답해서 찾아왔습니다

내 인생 최대의 시련

이성우

제가 학교 다닐 때 모범생이었을 거라 생각하는 사람은 아마 단 한 사람도 없을 것 같은데… 맞죠? 하하. 아니라고 해주지 않으셔도 돼요. 흑흑흑.

자랑은 아니지만, 모범생이 아니었던 덕분에(?) 담배에도 일찍 손을 댔습니다. 고등학생 때 이미 학교에 몰래 담배를 가져갔으니, 빨라도 상당히 빨랐던 거죠. 그렇게 별 생각 없이 피워대던 담배를 끊은 지 이제 반년도 넘었습니다.

이건 정말 제 인생에서 생각도 못한 일이에요. 정말 큰 변화죠. 그 이전에는 담배를 끊어야겠다는 생각조차도 딱 한 번 해봤거든요. 때는 20대 초반 무렵이었어요. 감기에 걸린 상태로 담배를 피는데 이게 무슨 맛인지도 모르겠고 목만 아파서 근처 공사장에 버렸다가, 다음 날 곧장 그 공사장에 돌아가 담배를 찾았지 뭡니까. 하하.

한때 만났던 전여친님이 담배를 끊을 생각이 없냐고 했을 때 끊고 싶은 마음이 전혀 없다고 단호하게 대답했던 제가, 술은 끊어도 담배는 끊을 수 없겠다던 제가, 이번에 담배를 끊게 된 것도 다름 아닌 제 목 때문입니다.

전 오랫동안 피우던 연초를 뒤로하고 전자담배로 갈아탔지만, 전자담배는 또 성대가 건조해지는 부작용이 있더라고요. 그 건조증이 심해져서 끊지 않으면 안 되겠다 싶었어요. 전자담배를 청소하면 나오는 검은 니코틴 찌꺼기들을 보면서 난 이걸 보고도 왜 피울까 싶은 자괴감이 들던 차였죠.

제가 금연을 결심한 데는 이유가 있습니다.

작년 10월 말이었던 것 같아요. 우리 드러머 현성이와 녹음하고 있었는데 중간에 노래가 잘 안 되어서 멈춰버린 것이었죠. 현성이는 저와 수많은 작업을 함께하면서 대한민국에서 제 목소리를 가장 많이 들은 친구죠. 그런 현성이가 심각하게 제게 말했어요. "형, 형 목에 큰 문제가 있는 거 같아. 진짜 이거 좀 심각한 것 같아."

저도 노래가 안 되니까 너무 당황스러웠어요. 원래 어렵지 않은 노래인데…. 갑자기 낭떠러지에서 떨어지는 듯한 절망감이 저를 덮쳤죠. 이때부터였어요. 저에게 노래를 할 때 받는 스트레스와 불안감이란 친구가 생긴 것이요. 그동안 성대 하나는 자신 있었는데…. 강철 성대라 자부했는데….

노래하는 친구들이 용하다고 추천하는 병원은 다 가보았어요. 정말 지푸라기라도 잡는 심정이었죠. 진단 결과 '후두염'이라는 저로서는 태어나서 처음 들어보는 질병이더라고요. 의사선생님은 잘못된 생활습관, 음주, 카페인, 흡연 그리고 과하거나 잘못된 발성, 이런 것들이 문제가된 것인데 노래하는 사람들이 자주 걸리는 병이라고 하셨어요.

약을 먹으면서 좀 나아지기는 했으나 여전히 목소리가제대로 나오지를 않았죠. 삑사리가 나고 찢어지는 소리나쉰소리가 났습니다. 당시 연말 공연들이 코앞이었는데 그때까지 기적적으로 나을 수는 없을까 하고 병원도 열심히 다녔고 관리도 미친 듯이 했지만 생각만큼 빨리 좋아지지 않았어요. 공연도 다 말아 먹었습니다.

목소리가 나오질 않는데 무대 위에 올라가는 게 즐거울 리가 있나요. 무대 위에서 제대로 놀지도 못하고 안 나오는 목소리로 끙끙 버티다 내려왔네요. 그러고 내려오면 자괴감은 물론 멤버들에게 미안한 마음이 들어 미칠 것 같았어요. 그냥 죄인 같았죠.

제 가장 큰 재능 중 하나인 목소리가 사라지니 사는 게 사는 것 같지가 않았어요. 뭘 먹어도 '내가 이걸 먹을 가치가 있는 사람인가?' 친구들과 즐거운 시간을 보내도 '내가 이런 행복할 시간을 보낼 자격이 있는 사람인가?' 라는 생각이 저를 계속 괴롭히고 또 괴롭혔어요.

금연하고 첫 주만 넘겨도 반은 성공한 거라는 글을 봤는데 정말이었습니다. 첫 주는 지옥이었네요. 금단증상이 이렇게도 심할 줄은, 제 몸이 니코틴에 이렇게도 심하게 중독되어 있을 줄은 꿈에도 몰랐던지라 깜짝 놀랐습니다. 밤에 잠이 오지 않는 날이면 담배 한 대 피우면 아주 잠이 잘 올 것 같았고, 강아지들 산책 다녀와서 발을 씻기고 한숨 돌릴 때나 공연 끝나고 마음이 편안할 때처럼 원래 담배를 피우던 타이밍마다 유혹을 뿌리치기란 정말 쉽지 않았어요. 금단증상으로 불면증도 너무 심해지고 정신이 산만해지고 막 우왕좌왕 안절부절못하는데 우와…. 너무 힘들었네요.

고비 중의 최고 고비는 술자리였죠. 술 마시고 피우는 담배가 정말 맛있거든요. 옆에서 친구들이 담배를 피우는 걸 보며 저는 껌을 씹고 참고 또 참았습니다. 껌을 무식하게 많이 씹어서 이틀이 지나도록 턱이 너무 아파 밥 먹기도 힘들 정도였어요.

이런 시간들을 버티고 나니 몸이 꽤 가뿐해졌습니다. 쉬지 않고 운동을 해도 숨이 덜 가쁘고 음식을 먹을 때도 예전에는 느끼지 못했던 다른 향들이 느껴졌습니다. 프렌치후라이를 먹는데 감자의 고소한 맛과 뭐랄까 둥그런 향이라든지 조금은 섬세한 향이 더 느껴집니다. 외출할 때 챙길 것도 줄어 몸이 더 가볍고, 편의점을 열 번은 들락날락할 걸 한두 번으로 줄이고 담뱃값도 굳으니 일석 몇 조인지요.

니코틴이라는 물질이 제 몸을 멋대로 컨트롤할 공간을 이젠 더 이상 내어주고 싶지 않습니다. 제 몸의 주권을 되찾고 싶다고 할까요? 자주 가는 바의 사장형이 금연 중인 제게 담배 연기를 내뿜으며 이렇게 말했습니다. "성우야. 인생은 참는 거야. 참을 인忍!"

그렇게 담배도 끊고 즐겨 마시던 위스키와 술을 한 달간 끊기도 하고 약도 먹으면서 꾸준히 목을 치료해나갔습니다. 하지만 이것으로는 부족했어요. 그때 베이스 치는 뽀글이가 정말 조심스레 "형, 보컬 레슨 좀 받아보는 게 어떨까요?" 하고 말을 건넸습니다.

뽀글이의 제안에 "오케이"라고 대답했지만 사실 뽀글이는 제가 대답만 하고 레슨을 받으러 가지 않을 거라 생각했다고 하네요. 26년 동안 노래하던 사람이 누구한테 가서 배운다는 게 자존심도 있고 하니 절대 가지 않을 거라 생각했다고 말이에요.

근데 진심으로 그때 저에겐 자존심이고 뭐고 그런 건 없었어요. 목이 나아질 수 있다면 그리고 제가 할 수 있는 일이라면 어떤 일이든 할 준비가 되어 있었거든요.

제 인생 전반에 대한 대대적인 인테리어가 다시 시작되었다고 해도 과언이 아닐 정도로 제 딴에는 개혁에 개혁을 하는 마음으로 보컬학원으로 향했습니다. 저의 전반적인 문제점들을 들어내고 새로운 저로 태어나기 위해 열심히 노력했고 계속 노력 중이에요.

레슨을 받는다는 게 쉽지 않은 결정이었지만 너무 잘한 일이었어요. 밴드 연습과는 별도로 혼자서 개인 연습도 하는데 잘되면 기분 좋고 안 되면 답답해서 짜증나고…. 뭐 이런 일의 연속이지만요.

지금 이 나이에 알을 깨고 나오려니 보통 힘든 게 아니긴 해요. 오래된 나쁜 버릇들을 버리고 시작해야 한다는 게 말이에요. 근데 전보다 몸이 힘들지 않게 편하게 노래를 하는 저를 보면 레슨 받기 참 잘한 것 같아요. 후두염이 배움의 길로 이어지다니, 이상한 코스인데 이상하긴 하지만 재미있어요.

그러고 보면 정말 배움의 끝은 없는 것 같아요. 전 아직 완벽하지 않지만 영원히 완벽해질 수 없지만, 제가 바라고 원하는 것을 이루어내고자 한 걸음 한 걸음 내딛는 제 자신에게 박수를 보내고 싶어요.

그리고 이런 제 옆에서 박수를 쳐주며 묵묵히 기다려주고 있는 우리 노브레인 멤버들에게 감사의 말을 전하고 싶네요.

덕현 선생님, 인간이 알을 깨고 나오는 시기는 나이와는 상관없죠? 지금의 저처럼 말이에요. 그리고 보통 사람들이 알을 깨고 나오는 횟수는 몇 번이나 있을까요?

우리 모두는 각자의 알을 깨고 나온다

한덕현

제가 좋아하는 작가 헤세의 《데미안》에는 이런 말이 나옵니다.

"새는 알을 뚫고 나오기 위해 싸운다. 알은 세계다. 태어나려는 자는 하나의 세계를 깨뜨려야 한다. 알을 뚫고 나온 새는 신에게로 날아간다. 신의 이름은 아브락사스다." 이 책은 청년 싱클레어가 오이디푸스 콤플렉스를 극복해가는 과정을 담고 있죠.

《데미안》의 초반부에는 헤세의 강렬한 인간 존중의 메시지가 나와 있습니다. "한 사람, 한 사람은 아주 특별하고 어떤 경우에도 중요하며 주목할 만한 존재이다. 세계의 여러 현상이 그곳에서 오직 한 번 서로 교차하며, 다시 반복되는 일은 없는 하나의 점인 것이다."

이 문장에서 보듯, 헤세 또한 니체의 '어린아이', 칼 구스타프 융의 '개인화individuation'처럼 자기 자신의 완성 혹은 자기 자신의 자유를 중요시했습니다. 니체가 이야기한 '낙타'의 시기를, 헤세는 '나는 끊임없이 무언가를 찾는 구도자였으며, 아직도 그렇다'라는 문장으로 고백한 것이죠. 그리고 '그러나 이제 별을 쳐다보거나 책을 들여다보며 찾지 않는다. 내 피가 몸속에서 소리내고 있는 그 가르침을 듣기 시작하고 있다' '한 사람 한 사람의 삶은 자기 자신에게로 이르는 길이다. 일찍이 그 어떤 사람도 완전히 자기 자신이 되어본 적은 없었다. 그럼에도 누구나 자기 자신이 되려고 노력한다'는 말로 니체가 이야기한 '어린아이'의 스테이지로 향함을 암시했죠.

책 《데미안》은 '프란츠 크로머'가 이끄는 본능, 즉 이드Id의 영역과 '싱클레어'가 이끄는 자아, 즉 에고Ego의 영역을 어린 싱클레어의 눈에 보이는 두 세계로 소개합니다. 귀족적이고 도덕적인 삶의 아버지를 비롯한 내 가족들, 그리고 이와 대비되는 알코올중독자와 시정잡배들이 사는 바깥세상, 그 가운데 서 있는 싱클레어는 틀 안에 갇혀 있는 내가 바깥으로 나가야 하는 당위성을 암시하죠.

도덕과 관습으로 시작된 에고의 영역이 내 안에서 시작된 판타지와 다른 사람과의 경험으로 확장되어 이드를 접하게 되는 과정입니다. 즉 팽창하는 나의 에고는 다른 사람의 이드를 접하게 되면서, 내 안의 이드를 점점 빨리 만나게 되는 것이죠. 크로머의 못된 짓은 '나'의 아버지로 향한 공격성인 오이디푸스 콤플렉스를 발동시킵니다. 그리고 데미안은 자신의 아버지를 능가하는, 즉 신체적으로 우월하며 사상적으로 의존적이고 근접할 수 없는 여인상을 가지고 있는, 청년이 가질 수 있는 초자아, 즉 슈퍼에고SuperEgo의 전형적인 상을 그려놓은 것입니다.

과거에 갇혀 있는 사고의 틀에서 자신을 표현할 수 있는 새로운 길을 알게 되고 자기 완성의 길에 들어섰을 때 우리는 그것을 알을 깼다고 표현합니다. 이렇게 본다면 우리 인간이 알을 깨고 나오는 시기는 나이와는 상관없는 것 같아요.

다만 나이 든 할아버지보다는 청소년들이나 젊은 청년들이 과거 기성 세대가 가지고 있는 생각의 틀에서 뭔가 새로운 생각의 알고리즘으로 생각의 길을 바꾸는 경우가 많으니까, 그 시기가 주로 알을 깨는 시기로 대변되는 듯합니다. 그럼에도 마흔이 넘고 쉰이 넘어서는 알을 깨는 시기가 오지 않는다고 단정할 수는 없을 것 같습니다.

한편으로 그 알을 몇 번이나 깰 수 있는 사람은 또 별로 없을 것 같아요. 한 번의 알을 깨기 위해서는 정말 많은 고통과 경험이 필요하니까요. 하지만 분명 누구나 인생에서 한두 번의 알을 깨는 시기는 있을 거라 생각합니다.

바뀐 계절

이성우

방역 조치가 조금씩 해제되면서 어느 정도 바깥 생활이 가능해지다 보니 거의 집에만 있던 연말연시가 참으로 먼 일처럼 느껴집니다.

전 추운 걸 정말 싫어합니다. 날씨가 추워지면 보일러를 온종일 틀어놓는데, 두 가지 이유가 있죠. 첫째는 그냥 추위가 싫습니다. 어렸을 때 라이브클럽이든 아무 데서든 자다 추위에 깨 밖으로 나가 볕을 쬔 기억도 있고 추위로 옥탑방에서 힘들었던 기억이 강해서인지 추운 게 정말 정말 싫습니다.

처음 서울 올라왔을 때 집이 없으니 제 옷과 짐들은 라이브클럽에 두고 잠은 친구 집 혹은 아는 선배들의 집을 전전했거든요. 그땐 자취를 하는 사람이 별로 없었고 나이들도 아직 어렸던지라 독립을 한 친구들도 별로 없어서 친구 부모님의 눈치가 보일 때면 라이브클럽의 의자들을 쭈욱 늘어놓고선 옷을 든든하게 껴입고 잠을 청하곤 했어요. 문제는 클럽이 지하이다 보니 겨울엔 추위도 너무 추웠어요. 그때부터 추위에 대한 두려움이 생긴 거 같습니다.

두 번째는 저어 멀리 멕시코가 고향인 반려견 두부와 넨네를 위해서입니다. 더운 나라 애들이다 보니 털도 짧은지라 겨울에는 옷을 두 겹씩 입히고 산책 나가도 오돌오돌 떨면서 춥다고 난리입니다, 난리. 그래서 늘 집 안을 따듯하게 해놓습니다. 제가 외출할 때도 우리 집은 언제나 보일러 풀가동이죠. 물론 도시가스비가 많이 나온다는 단점이 있지만 추운 겨울에 집에 들어왔는데 따뜻한 온기가 느껴지면 얼마나 행복한지 아시나요, 선생님. 온돌을 만드신 우리 조상님께 큰절을 올리고 싶을 정도입니다.

원래 음악을 하는 사람들은 12월에 가장 바쁘고 1월과 2월이 되면 가장 한가합니다. 코로나 이전에도 1월과 2월은 어떻게 보자면 쉬어가는 시간이자 다음 앨범을 준비하는 시간이었죠.

다른 때는 신년이 되면 알 수 없는 희망적인 에너지가 불끈 솟아났는데 올해는 마음이 꽤 차분한 게 평상시와는 꽤 다른 느낌이 들어서 당황스럽기도 하지만 이런 느낌도 나쁘지 않았습니다.

이러니저러니 해도, 어김없이 봄은 오네요. 원래는 매번 '올해 겨울은 언제 꺼져줄까, 언제 따뜻해질까'라며 간절하게 봄을 기다리다가 올해는 생각도 못 하고 있었는데 어느새 봄이 왔더라고요. 봄이면 더 이상 패딩도 두꺼운 옷들도 입지 않아도 되고, 거리의 동물들 걱정을 덜해도 되니, 저도 온몸으로 따뜻한 햇살을 더욱 받을까 합니다. 언제라도 마음껏 누리고 싶습니다. 이 봄의 찬란함을! 외치고 싶습니다. 춥고 추운 겨울을 넘긴 바깥세상 동물들의 강인함을 찬양하며! 살아 있음을 뽐낼 수 있는 봄이 왔으니까요!!!

코로나 기간 동안 제가 잘했다고 생각하는 일 두 가지가 선생님을 만나뵌 것과 금연을 한 것입니다. 매번 지금 이 순간이 가장 힘들고, 지금 이 순간이 최고였다고 생각하는 저이지만 의외의 성과를 이룬 것들 덕분에 어깨에 뽕이 차오릅니다.

코로나 기간 동안 너무도 많은 일이 일어나서 정말 빡셌지만 그만큼 많은 생각을 했던 것 같습니다. 세상에 저 혼자만 있는 게 아니라는 걸 더욱더 뼈저리게 느끼기도 했고요.

덕현 선생님에게 코로나 팬데믹은 어떤 시간이었는지 궁금하네요.

내 안의 세계와 만나는 시간

한덕현

코로나 팬데믹은 제게도 여러 의미에서 쉽지 않은 시간이었습니다. 팬데믹 초기 병원은 마치 야전병원 같았어요. 우리 의료인들 모두가 정신이 없었죠.

저 개인적으로는 우여곡절 끝에 《불안한 것이 당연합니다》가 나왔습니다. 사실 이 책은 제 입장에선 40년 인생과 50년 인생 사이에서 한 번쯤은 중간 점검을 하기 위해, 나를 돌아보고자 쓴 책입니다.

그런데 책이 나오고 나서 코로나 팬데믹으로 공간적 제약에 갇히게 되었지요. 뜻하지 않게 개인 시간이 많아

답답해서 찾아왔습니다

져 저 자신을 더 깊이 되돌아볼 수 있게 된 건 좋았지만, 오프라인 공간에서 독자들을 만나 얼굴 맞대고 이야기하는 시간을 전혀 갖지 못하게 되었어요. 온라인으로 실시간이나 녹화를 통해 일방통행 메시지만을 전달해야 했죠. 저 역시 이런 상황은 처음이라, 내가 하는 말이 어떻게 들리는지 모르는, 피드백을 전혀 받지 못하는 상황에서 다음 말과 생각을 전개해나간다는 게 정말 어렵더라고요.

이 공간적 제약이 교수로서 학생들을 대상으로 수업할 때, 학생들의 표정이나 반응을 모른 채 쉽지 않은 내용들을 그냥 일방적으로 전달하게 되니 제 직업적 정체성까지 흔들더라고요. 비유컨대 음원에서 정갈하게 나오는 노래보다, 가끔은 음이 갈라지고 흥분하여 박자가 조금씩 빨라지더라도 생생한 공연이 음악 팬들에게는 더 감동적인 것과 같은 이치라고나 할까요. 아마 이런 점 때문에 관객들과의 소통이 필수적인 노브레인은 더 힘들었을 것 같습니다.

그런데 그런 현실 공간 제약이 저에게는 또 다른 공간을 열어준 면도 있는 것 같아요. 제가 맡은 '정신분석과 정신치료' 강의를 하다 보면, 듣는 학생들의 표정이 정말 천차만별입니다. '뭐 저런 알아듣지도 못하는 철학 얘기를 이렇게 길게 하냐'라는 표정부터 '정말 유식한 말이다,

뜻은 모르겠지만 '아, 외워서 나중에 써먹어야겠다' 등등. 그런 표정들을 보면서 수업 시간을 때로는 길게 때로는 짧게, 또 내용도 때로는 더 쉽고 간단하게 때로는 좀 더 깊이 있게 하는 식의 강의를 하곤 했어요.

그런데 온라인 강의는 다르더군요. 처음에는 10분 강의하기도 버거웠어요. 그렇게 몇 번을 하다 보니 방법을 하나 터득했는데 제 머릿속의 학생과 대화를 주고받는 것이었습니다. 저처럼 엉뚱한 학생이 질문을 하고 제 설명을 이해하면 분명 똑똑한 의대생들은 알아들을 것이다, 이렇게 생각하고 강의를 하다 보니 조금씩 자연스러워지더라고요.

이렇게 강의를 하면서 제가 하나 발견한 것이 있어요. 바로 의과대학에 다닐 때 제가 공부를 못한 이유죠. 저는 그때도 스스로 질문하고 답하는 방식으로 공부했는데, 그럼 그때와 지금, 무엇이 달라졌을까요?

지금은 교수니까 내용을 알고 있고, 내가 알고 있는 것에 대한 확신이 있으니까 말을 하면서 중요한 것과 안 중요한 것을 알아채지만, 과거 의과대학 학생으로서의 나는 '모든 것을 다 알아야 한다, 잘해야 한다, 그러니까 모든 것이 다 중요하다'는 생각으로 너무 많은 것을 하려 했다는 생각이 들더라고요. 아마도 이 욕심 때문에 공부를 못했던 것이 아닐까 싶어요.

어쩌면 이 발견은 코로나 시기가 준 제 인생의 중요한 깨달음이 아닐까 생각합니다. 아마도 저는 뭔가를 비워야 새로운 것이 또 채워질 수 있다는 생각을 비로소 하기 시작한 것 같아요. 저는 도인도 아니고, 선인도 아니어서 욕심을 다 버릴 수 있는 내공은 닦지 못했지만, 일단 손에 쥔 것을 하나라도 내려놓아야 새로운 것을 가져볼 수 있다는 것을 깨닫게 된 듯합니다.

찬
밥

신
세

이성우

문득 홍대 인근을 걷다 달라진 모습에 쓸쓸해졌습니다. 예전에 가죽잠바와 용잠바를 입고 내 집처럼 누볐던 곳인데 말이죠. 참 선생님, 일명 '용잠바'를 미국과 일본에선 뭐라고 부르는지 아세요? 미국에선 '수베니어 재킷Souvenir jacket' 일본에선 '스카쟌スカジャン'이라고 합니다.

원래 스카쟌은 미해군의 기지가 있던 요코스카의 '스카'에 재킷을 뜻하는 '쟌'이 합쳐져 생긴 말이라고 해요. 제2차 세계대전에서 일본이 미국에 패한 후 일본에 주둔해 있던 미군들이 본국으로 귀국하기 전 야구잠바에 동양적인 자수들을 놓은 잠바를 기념품처럼 하나둘씩 샀다고 합니다.

이 용잠바는 화려한 색상과 독특한 디자인으로 불량스러움의 대명사로 여겨졌는데 이게 명품 브랜드에서도 나올 만큼 전 세계적인 유행을 타기도 했던, 나름대로 유서 있는 옷이에요.

제가 용잠바를 처음 본 게 아마 1995년인가 이태원일 거예요. 색깔도 색깔이었지만 압도적인 용 그림 자수와 힘이 한껏 들어가 있는 'SEOUL KOREA'나 'USA' 혹은 'YOKOSUKA'를 보곤 저 촌스러운 잠바를 과연 누가 입고 다니겠냐고 생각했죠. 그땐 제가 입게 될 줄은 꿈에도 몰랐네요. 보다 보니 예쁘다 싶어서 사볼까 했지만, 자수 모양이나 등에 적혀 있는 문구들이 영 마음에 들지 않았어요.

그러다 시간이 꽤 지난 뒤 일본에서 포토그래퍼로 활동하며 사진 전시와 바를 한 공간에서 운영하시는 준용 형님으로부터 멋진 용 그림이 그려진 스카쟌을 선물로 받게 되었습니다. 그 형님도 아껴 입으시던 건데 저에게 큰 마음 먹고 주신 거였죠. 등에 유치찬란한 문구도 없었고 용 그림도 너무 훌륭하고 예뻐서 엄청 마음에 들었습니다. 형님께서도 "잠바가 주인을 찾았네"라며 흐뭇해하셨고요.

그 후 전 스카쟌 수집에 열이 올랐습니다. 때마침 한국에도 예쁜 스카쟌들이 많이 들어와서 하나둘씩 사다 보니 꽤 여러 벌을 가지게 되었습니다.

그러다 일본에 갔을 때 또 본고장의 스카쟌은 어떨까 하고 요코스카에 갔다가 정말 큰 실망을 하고 돌아온 기억이 있어요. 이야기보따리를 풀자면 이렇습니다. 길치인 제가 혼자서 멀리까지 가는 건 걱정된다며 악기회사를 운영하시는 형님이 저를 따라 나섰습니다. 그런데 스카쟌을 파는 곳은 몇 군데 있지도 않고 퀄리티도 준용 형님에게서 받았던 것과는 비교도 할 수 없는 수준이었어요.

가게에 있던 분에게 왜 이렇게 스카쟌 가게들이 없냐고 슬쩍 여쭤보았더니, 스카쟌이 세계적으로 인기가 많다고 해도 이 동네와는 전혀 상관이 없는 이야기라는 의외의 답을 들었죠. 수요가 없다 보니 가게들이 사라지는 건 당연한 거고, 지금은 스카쟌 사겠다고 여기까지 오는 사람도 거의 없다는 이야기를 해주셨어요.

먼 길을 찾아왔는데 힘이 쭈욱 빠지면서 내가 좋아하는 것이 오래되고 필요 없는 물건으로 취급을 받는 게 서글퍼졌습니다. 물론 예쁘고 멋진 스카쟌을 파는 다른 곳이 있긴 하지만 스카쟌의 태생지에서 찬밥 신세로 전락한 걸 보니 기분이 별로 좋지 않았어요.

예전엔 라이브클럽이 즐비해 로큰롤이 흘러넘쳤지만,

지금은 술집으로만 가득 차 있는 홍대를 보는 듯한 느낌이 들었기 때문인 것 같습니다. 형님이 제 눈치를 보시더니 맛있는 거나 먹으러 가자며 어깨를 툭 치며 덧붙이길 지금은 전자기타도 예전만 못하다는 거예요. 신디사이저나 키보드의 수요가 있기는 하지만 록밴드의 인기가 전 세계적으로 떨어지기도 했고 배우는 데 꽤 시간이 오래 걸리는 악기들이라 인기가 많이 없어졌다고요. 스카쟌의 충격에 전자기타가 안 팔린다는 이야기의 충격까지. 더블콤보는 꽤 아팠습니다.

'음, 맞지…. 우리 노브레인도 이젠 중견 밴드 혹은 노땅이라는 소리를 듣는데. 우리 신세도 별반 큰 차이가 없기는 하지…' 싶더라니까요.

사라지고 또 생겨나고

한덕현

과거에는 훌륭한 가치가 있었지만, 세월과 사람의 마음가짐에 따라서 그 가치가 변해가는 것들이 정말 많지요. 스포츠 쪽에서도 그런 일이 있는데, 알고 보면 정말 재미있는 종목들이 많이 있습니다.

우리가 초등학교 운동회나 직장 야유회에서 하는 '줄다리기'가 올림픽 종목이었다는 것 아세요? 1900년부터 1920년까지 경기가 6차례나 열렸고, 국제줄다리기 연맹도 있어서 1900년도 초에는 올림픽 종목으로 각광을 받았습니다. 6번 대회 중 영국이 2번의 금메달, 2번의 은메

달을 획득함으로써, 줄다리기 챔피언으로 위상을 드높였다고 합니다.

사실 어느 나라, 어느 지방이건 줄다리기를 안 해본 곳은 없을 거예요. 우리나라만 해도 지금도 지방에서 동네 잔치를 할 때 장정들이 나와 줄다리기를 하는데, 없어진 이유를 모르겠네요. 그냥 쭉 해도 재미있을 것 같은데 말입니다.

'로프 등반'도 올림픽 종목이었습니다. 이는 높은 탑에 매달린 로프를 이용해 가장 빨리, 높이 올라가는 경기였다고 합니다. 1932년까지 4번이나 열렸습니다. 지금은 로프가 아니라 암벽을 타고 올라가는 스포츠 클라이밍이 젊은 사람들에게 인기를 끌고 있는데, 로프 등반이 있던 시절에는 전혀 생각하지 못했던 일이죠.

최근 실내 클라이밍 센터가 많이 생겨서 저도 몇 번 갔는데, 꼭대기에 도달해 종을 쳐보니까 클라이밍 스포츠의 짜릿함을 진하게 느낄 수 있었습니다.

또 프로레슬링을 떠올려보세요. 한때는 중계만 시작했다 하면 전 국민이 TV 앞에서 떠날 줄 몰랐죠. 그런데 이제는 옛날을 그리워하며 김지운 감독, 송강호 배우 주연의 영화 〈반칙왕〉이 나왔을 정도죠. 이 영화가 나온 지도 꽤 됐네요. 김일의 '박치기'와 천규덕의 '당수'는 제가 아주 꼬마 때, 아버지께 써먹던 고급 싸움(?) 기술이었습니다. 그런데 지금은 기억 속에서도 가물가물하고, 옛날 TV 자료에서나 볼 수 있습니다.

이렇게 문화가 변하듯 스포츠도 변하고 이를 대하는 우리도 변하고 있습니다. 과거를 아쉬워하면서도 새로 맞이하는 것에 대한 호기심과 기대감을 동시에 느끼기 때문에, 변화가 재미있고 기대감이 있는 것이 아닐까요.

문득 궁금해집니다. 노브레인의 콘셉트를 이어받은 후배 가수는 2050년에는 어떤 형태의 노래를 부르고 있을까요?

이성우

저는 사실 저희보다 더한 또라이가 나와서 세상을 뒤흔들어주었으면 좋겠습니다. 어디 참한 또라이 없을까요?

47년
그 이상의
위스키

이성우

저란 사람도 노화가 활발히 진행 중이라는 걸 알기는 그리 어렵지 않았습니다. 흰머리는 물론이고요, 마음은 우사인 볼트이지만 체력이 그만큼 따라주지 않습니다. 예전엔 한 곡에 점프를 미친 듯이 뛰었지만 해가 지날수록 점프 횟수는 줄어들고 노래도 예전만 못하게 부르는 날도 종종 있죠.

무엇보다 사람이 좀 유해졌다고 할까요? 단호함도 많이 없어졌고 "뭐 그럴 수도 있지"라는 말버릇이 생긴 것도 어찌 보면 나이를 먹고 마음이 많이 넓어진 거 같아요.

노화가 가져온 순기능이 아닐까 싶어요.

선생님, 위스키를 만들 때 맨 처음 증류한 원액을 뭐라고 부르는지 아세요? 보통 스피릿이라 부릅니다. 스피릿은 보기에 하얗고 도수도 높고 알코올 향이 튀는 게 보통 생각하는 위스키와는 전혀 다른 상태입니다. 이 원액을 와인이나 버번위스키를 숙성시켰던 나무통에 넣어서 숙성시키는데, 어떤 방식으로 얼마나 하느냐에 따라 위스키의 맛이 달라져요.

숙성을 짧게 하면 원액이 나무통의 영향을 덜 받아 원액 본연의 특성이 살아 있어 위스키 자체가 좀 맵다거나 힘이 있고 알코올 향이 많이 납니다. 반대로 숙성을 길게 하면 나무통의 영향을 많이 받아 원액의 색이 꽤 짙어지고 알코올 향은 옅어져 마시기가 훨씬 쉽습니다.

이렇게 숙성의 방식에 따라 확연히 달라지는 위스키처럼, 나란 사람은 47년을 거쳐 어떤 향을 풍기고 어떤 맛이 나는 위스키인지 생각해봅니다. 47년 숙성의 위스키라니, 멋지지 않습니까?

나아가 요즘 저 자신에게 묻고 또 묻는 말이 '나는 어떻게 늙고 싶은가?'입니다. 아직 결혼도 하지 않고 혼자 살다 보니 제가 마냥 청춘인 줄로만 착각했던 것 같습니다. 제 영혼은 영원히 청춘이어도 제 육체는 영원하지 않다는 걸 모르고 살았던지, 아니 알면서도 모른 척하고 살

답답해서 찾아왔습니다

왔던 건 아닌지 싶네요.

언제나 모든 상황을 풀어나가려면 그 시작은 자기의 상황을 인지하고 인정하는 데 있다는 걸 이제는 압니다. 저도 늙는다는 걸 인정하고 나니 마음이 꽤 편해졌어요. 앞으로의 인생 설계도 나름 재미있더군요. 뭐 설계라고 해봤자 대단한 것도 아니고 그대로 이루어질 것도 아니지만 재미있더라고요. 걱정도 되지만 한편으로는 기대가 되기도 합니다.

록커 이성우로서 음악적인 고민도 많이 합니다. 많은 선배가 나이가 들면서 록 음악이 아닌 다른 장르로 변화를 시도합니다. 대중들에게 또 다른 모습을 보여주기 위한 것도 있지만, 아무래도 나이가 들면 고함을 지르기엔 체력이 떨어지니까요.

근데 전 그러기엔 아직 우리 밴드가 너무 좋고 록이 너무 좋아서 제가 다른 장르의 음악을 한다는 건 상상도 못하겠습니다. 발라드나 레게 같은 장르에 도전은 해볼 수 있겠지만, 역시 전 저의 음악적 고향이라 할 수 있는 강한 비트를 자랑하는 록이 아니면 안 될 것 같아요. 저의 똘끼를 발산함에 있어서 다른 음악은 부족해도 너무 부족합니다! 노브레인은 영원히 펑크록 밴드일 거예요!!!

묽어져

나의 색을

나타낸다

한덕현

성우 씨의 지난 글 참 좋습니다. '위스키의 원액 스피릿 그 자체로는 자신의 특징을 알 수 없으니 오크통이나, 숙성의 시기에 따라서 그 맛과 색이 달라진다.' 우리의 인생과 정말 많이 비슷하네요. 나이를 먹어간다는 것이 어떤 것인지 또 한 번 배우게 됩니다.

어리고 젊어서는 자신의 색깔이 이렇다고 마구 표현하려 합니다. 그리고 다른 사람이 알아주지 않으면 더 크게 이야기하고, 알아줄 때까지 이야기하죠. 그냥 록이 아니고 펑크록이라고 구체적으로 인정할 때까지. 그런데 이제

답답해서 찾아왔습니다

는 노브레인이 방송에 나가서 '저희는 펑크록을 하는 밴드입니다'라고 이야기하면 보는 사람들은 어리둥절해할지도 몰라요. 또 만약 성우 씨가 트로트를 부르더라도 사람들은 펑크록으로 변형된 노래를 부르는 줄 알 거예요. 그것이 바로 개성이죠. 그 개성을 만들기 위해 인고의 세월을 고민하고 고생하며 지내온 것입니다. '한 송이 국화꽃을 피우기 위해 봄부터 소쩍새는 그리 운 것'처럼 말이죠.

색채가 뚜렷한 음악 장르도 세월이 흐르면서 그 세월에 맞게 변하겠죠? 또 변하는 음악 장르에 맞게 가수들도 변할 거고요. 마치 자기 몸을 원액을 숙성시키고 있는 오크통 삼아 음악을 하는 것 같습니다.

제가 고등학교 때 열광한 본 조비를 보면 정말 오크통 이론이 맞는 것 같아요. 제 귀가 전문가의 귀는 아니지만 2016년 〈This House Is Not For Sale〉 앨범이, 1986년 〈Livin' on a Prayer〉가 수록된 앨범보다 촌스럽거나 늙지 않았다는 것만으로도 본 조비는 오크통 속에서 한참 숙성된 정말 고급 위스키인 것 같습니다. 그런데다 두 곡 모두 모르는 사람이 들어도 같은 그룹의 음악이라는 것을 알 수 있죠.

마찬가지로 노브레인의 2000년 첫 앨범부터 2019년 8집 앨범까지 어떤 노래를 틀든 노브레인 음악이라 여겨지는 것은 노브레인 역시 오크통 속에서 잘 숙성이 되어 그런 것일 테죠.

인간 발달의 관점에서 보자면 우리의 위스키 원액은 18세 정도에 정해지는 것 같아요. 우리는 이것을 '성격'이라고 부릅니다. 그래서 18세까지는 자신의 환경과 주변 사람들에 의해 자신의 색깔이 정해지지요. 하지만 그 후 어떤 오크통에서 또 얼마나 숙성하느냐, 얼마나 많은 물과 섞이느냐 등에 따라 맛이 변하죠. 그런데도 자신의 맛을 잃지 않습니다.

다시 말해 인간의 성격은 변하지 않지만 어떤 환경에서 누구와 지내느냐에 따라서 자신감이나 표현이 변하고, 다른 사람의 생각을 현실적 이유 때문에 받아들이고, 계획이 변함에 따라 인생이 묽어지고 숙성되는 것 같습니다. 그러면서도 우리의 원액 성질은 잃지 않죠. 고등학교 이후에 사귄 친구들을 보면 세월이 10년, 20년 흘러도 겉모습은 변해도 속으로는 어떤 생각을 하고 있는지가 대충 느껴지는 것이 아마도 그런 속성 때문인 것 같습니다.

그래서 나이가 들수록 나의 색을 나타내는 것이 더 자연스럽고, 자신감 있는 행동이라 할 수 있어요. 나이가 든다는 것은 외부의 영향으로부터 자유로워지면서 점점 나의 모습을 보이는 것, 즉 자신의 색이 점점 드러나는 것 아닐까요.

나이가 들면 생물학적으로도 귀도 잘 안 들리고, 눈도

잘 안 보이게 됩니다. 외부의 영향을 줄이고, 내부의 내 생각과 경험을 떠올리게 되는 과정을 더욱더 강하게 만들게 되죠. 그냥 고집만 센 할아버지 할머니가 될 수도 있겠지만, 나의 경험과 마음이 빌드업을 끝낸 인생의 완성체로서 멋지게 나이 들 수도 있겠죠.

70대의 노브레인은 어떤 음악을 하고 있을까요? 정말 궁금해집니다. 예전처럼 거친 소리가 안 나와도 선 자리에서 1미터 이상 점프를 하지 못해도, 더 깊은 색을 내는 록 그룹으로 남아 있으면 좋겠습니다.

잘되지 않을 때도 있는 거다

이성우

선생님께서도 뭘 해도 안 될 때가 있나요? 당연하게 되던 것들이 안 되는 때 말이에요.

저는 턱걸이 다섯 개는 거뜬하게 했는데 그게 안 된다든지 노래가 잘 안 된다든지, 보통 때는 그냥 기분 좋게 넘어갈 일도 짜증이 나고 감정이 폭발하는 그럴 때가 있는 것 같아요. 덕현 선생님, 이런 문제로 상담하러 오는 사람들 꽤 있죠? 선생님은 어떤 말을 해주시나요?

저라면, 제 자신에게도 하는 말이지만 어차피 인생은 좌절하고 이겨내기를 반복하는 것이니 이럴 때일수록 조급해하지 말라고 하고 싶어요. 지금 자기의 상황을 잘 파악하고 잠깐 쉬고 자기 자신을 통찰하는 시간이라고 생각하자고요.

근데 사람이 뭐 어찌 그리 말처럼 쉽게 그럴 수 있겠어요. 안절부절못하다 보니 하지 않던 행동도 하고 실수를 연발해서 상황을 더 최악으로 만들잖아요. '아이고 내가 이러려고 태어났나' 자괴감에 빠지게 되면서 자기혐오에 다다르기도 하고 심하면 세상에 굿바이를 고해 주변인들에게 큰 상처를 주기도 하죠.

마음속의 어두운 동굴에 있다는 생각이 든다면 그것을 인정하는 것부터 시작해보자고요. 전 인정하고 나면 어깨의 긴장이 풀리고 무엇을 해야 할지에 대한 고민을 시작해요. 다급하게 뛰지 말고 천천히 한 걸음씩 내디디며 하나둘씩 정리하자고 생각하죠. 조금씩 걸어가다 보면 환한 빛이 날 비출 거라고 생각하면서요. 무작정 걷다 보면 밝은 길이 나오고 어디로 가야 할지 확신이 서기도 하니까요.

선생님, 하루는 제가 즐겨 보는 유튜브가 유독 제 마음을 박박 긁었습니다. 그 유튜버는 돈 많은 사람을 만나도 부럽기는 하지만 '뭐 그래서 어쩌라고? ×까'라는 태도를 가지고 있었죠.

아! 순간 빰을 맞은 것 같았습니다. 이건 근 몇 년간 제가 잊고 있었던 저의 기본적인 생활신조였기 때문이에요. 어렸을 때 정말 돈이 한 푼도 없었을 때, 그러니까 닥터마틴 부츠를 못 신으면 밖에 나가지 않았을 그때도 전 누구에게도 주눅 들진 않았습니다. 마땅히 지낼 곳이 없어 하루는 이 집으로 하루는 저 집으로 옮겨 다니며 떠돌이 생활을 했을 때도 따뜻한 집이 뭐 부럽긴 했지만 그게 다였어요.

제 주머니는 가벼웠지만 저의 근성과 ×까라는 마인드는 가죽잠바의 무게만큼이나 무거웠고 빨갛게 물들여 뾰족하게 서 있는 머리만큼이나 까칠했거든요. 어떤 부자나 대단한 사람을 만나도 크게 부럽지도 않았고 졸아들지도 않았습니다. 그들은 그들이고 나는 나인데, 나는 펑크록커일 뿐이라며 스스로 당당했죠.

사실 저는 기억하지 못했는데 어느 날 친구가 웃으면서 옛날이야기를 해줬습니다. 아마 서른이 되기 전이었지 않았을까 싶은데, 길을 걷고 있던 제게 한 행인이 "저기, 가수 맞죠?"라며 말을 걸었다고 합니다. 그때 제가 정색하며 단호하게 "가수 아니에요! 전 펑크록커입니다!"라고 다소 차가운 얼굴로 답하더래요. 그때는 가수라고 불리는 것도 참 싫었나 봅니다.

나이가 들면서 시야가 넓어지는 만큼 자기 확신이란 게

반비례로 줄어든 것처럼 느껴질 때가 많아요. 일상에서 이게 맞는 건지 아닌 건지 잘 모르겠을 때가 많습니다. 이 유튜브를 보고 다시 알게 되었습니다. '×까'라고 하면 되는구나. 아주 쉽고 간단한 겁니다. 전 그동안 너무 스펀지처럼 물을 쭉쭉 빨아들이면서 제 색깔을 잃어버리고 다양한 색으로 물든 거 같아요. 이젠 제가 정말 뭘 좋아하는지 스스로 더 솔직해지고, 저는 저와 친해지고 싶습니다.

스위치 끄기

한덕현

컴퓨터를 하다가 렉이 걸리거나, 뭔가 안 될 때, 제일 많이 하는 행동이 무엇일까요? 당연히 리셋 버튼 누르기죠. 또 스마트폰 앱을 사용할 때, 뭔가 안 되고 버벅거리면 우리는 스마트폰을 껐다가 다시 켜지요? 그러면 정말 신기하게도 다시 정상적으로 작동합니다.

컴퓨터 프로그램은 알고리즘으로 작동되는데, 사용자의 명령과 그것을 받아들이는 프로그램 사이에서 알 수 없는 명령과 반응의 조합으로 알고리즘의 작동이 멈춰버리거나 무한 반복되는 현상으로 인해 프로그램이 제대로

답답해서 찾아왔습니다

작동되지 않을 때가 있습니다.

이처럼 우리의 생각이나 감정, 일상생활에서의 반응도 늘 하던 대로 자극하고 반응하다가도 뭔가 내 기분이 달라지거나 상대편의 자극이 달라지면 약간의 변화가 생기면서, 늘 하던 반응이 무한 반복의 생각을 끌어내거나 딱 멈춰버리는 상황이 발생하게 됩니다.

이렇게 복잡하게 얽힌 상황을 풀려고 더 많은 생각의 알고리즘을 더하면 당연히 계속해서 헛바퀴를 돌겠죠. 멈춰버린 생각을 억지로 끌어낼수록 더욱더 떠오르지 않을 거고요. 우리는 그것을 '불안함' '안절부절못함' '급함' '시야가 좁음' 같은 말로 표현합니다.

그럴 때는 우리도 기계처럼 리셋 버튼을 누르거나 잠깐 전원을 꺼버리는 것과 같은 방식을 취해보면 어떨까요. 우리는 그것을 '잠시 내려놓음' '휴식' '생각 없이 살기' '떠나 있기' 같은 말로 표현합니다. 그리고 이런 말들은 '천천히' '차근차근' '한 걸음' 같은 단어들과 잘 어울립니다.

인생의 리셋 버튼은 여태 살아온 내 인생을 모두 버리고 '새 인생을 산다'는 개념이라기보다는 여태껏 열심히 살아온 내 인생에 잠시 열기를 식히는 '잠깐의 쉼' 개념으로 보는 게 좋습니다. 쉼의 기간은 사람마다, 상황마다 다 다르겠죠? 자동차의 엔진이 식는 시간과 전기레인지 인버터의 식는 시간이 다르듯, 우리가 열심히 했을 때 다음 열심을 위해서 쉬는 시간, 복잡한 일을 했을 때 새로운 생각이 떠오르기 위한 시간은 모두 다를 것입니다.

제가 만난 성공한 사람들은 얼마나 일을 열심히 하느냐보다 얼마나 잘 쉬느냐에 방점을 찍더라고요. 운동을 예로 들면, 우리가 힘을 길러 모인 힘을 조금 더 쓰는 것은 운동 초기에 가능합니다. 또 꾸준히 차츰차츰 힘을 더 모으는 것은 노력만큼 어느 정도 길러집니다. 그래서 C등급에서 B등급까지 가는 데는 노력한 만큼 시간차가 있죠.

하지만 B등급에서 A등급으로 가기 위해서는 바로 이 '휴식'과 '열심히', 즉 스위치 '꺼짐'과 '켜짐'의 타이밍과 확실성을 얼마나 잘하느냐에 달려 있습니다. 패넌트레이스를 하는 프로 스포츠에서 신인 선수들이 시즌 초반에는 잘 하다가 후반에 경험 많은 선배 선수들에게 따라잡히는 이유 중 하나도 그것입니다.

제가 성우 씨 앞에서 음악 이야기를 하기는 좀 그렇지만, 처음부터 끝까지 냅다 소리만 질러대는 노래보다는 강약이 있고, 고저 음이 있는 음악이 더 세련되다고 느끼는 이유와 비슷하다고 할 수 있겠죠.

정신질환에는 조울병이라는 게 있습니다. 조증(기분이 병적으로 좋음)과 우울감이 교차하는 병입니다. 그런데 계속 우울하기만 한 '우울질환'은 있어도 계속 기분이 좋은

'조증질환'은 없습니다. 한번 조증이면 우울감이나 기분 가라앉음이 꼭 온다는 이야기죠. 사람의 기분도 생물학적으로 조증과 우울의 두 가지가 교차하는 것이죠.

제가 처음 대학에 발령받았을 때, 제 밑에 있는 전공의들이 저에게 붙여준 별명이 '조만이'(우울감은 없고 조증만 있다)였습니다. 자칫 받침 하나 잘못 붙여 세게 발음하면 욕같이 들리지만, 처음 부임한 조교수가 천방지축 여기저기 쏘다니며 자기들을 못살게 군다는 의미에서 붙여진 별명이에요.

돌이켜보면 그때 저는 조금 불안했고 여유도 없었어요. 교수로서 학생들과 전공의들을 어떻게 가르치고 이끌어 나갈지 항상 고민했죠. 이제 저도 교수 생활한 지 15년이 되었습니다. 지금 별명이 어떻게 바뀌었는지 확인하진 않았네요. 여전히 제자들에게 '조만이'처럼 여유 없어 보이지 않기만을 바랍니다.

인생의 리셋 버튼은 여태 살아온 내 인생을 모두 버리고
새 인생을 산다는 개념이라기보다는
여태껏 열심히 살아온 내 인생에 잠시 열기를 식히는
'잠깐의 쉼' 개념으로 보는 것이 좋겠습니다.

강물은 바다를 포기하지 않는다

이성우

제가 밴드를 한 지도 어언 26년이란 세월이 흘렀네요. 쉽게 그만두지 않을 거란 생각은 했었지만, 그 생각보다 오랫동안 이어온 것 같아 뿌듯한 마음입니다. 한편으로는 오랜시간 얼굴을 비춰온 터라 뭘 해도 새롭다는 느낌보다는 그냥 '아, 노브레인 또 앨범 나왔구나' 하는 생각을 사람들이 가지지 않을까 하는 걱정이 될 때도 많고요.

저희 노브레인이 새 앨범을 내거나 노래를 만들 때 '뭔가 새로운 거! 새로운 거!!' 하면서 집착하는 이유도 그 이유에서일 거예요. 왜냐하면 저희는 사람들의 관심을 받고 사는 관종의 운명을 타고난 사람들이기 때문이죠. 사람들의 관심이 사라지는 순간 우리의 사기 또한 떨어질 수밖에요.

계속해서 사람들의 관심을 갈구하며 새로운 노래와 새로운 화젯거리를 들고 나와서 사람들의 머릿속 한 부분에 큰 자리를 차지하기 위해 몸부림치는 존재라고 할 수도 있겠고요.

아무튼 노브레인이 많은 일을 꾸미고 행하는 가장 큰 이유는 그 자체가 즐겁기 때문이기도 하지만 많은 사람에게 끊임없이 우리의 존재와 음악을 알리기 위해서이기도 합니다. 알리는 것에 크게 관심이 없다면 인터뷰나 각종 홍보활동 같은 걸 하지 않았겠죠. SNS에 사진을 올리는 이유도 다 우리의 존재를 알리고 싶어서인 것 같아요.

그런데 어떻게 하면 우리 존재와 음악을 잘 알릴 수 있는지, 꽤 긴 시간을 겪었지만 종종 감이 안 잡힙니다. 정말 잘될 것 같았던 노래는 전혀 반응이 없고, 이게 되겠냐 싶던 노래가 갑자기 빵 하고 터질 때도 있으니… 정말 알 수가 없더라고요. 아! 〈넌 내게 반했어〉는 만들어놓고 정말 잘되겠다는 확신이 있었어요. 근데 이 노래 말고는 정말 감을 못 잡겠더란 말입니다.

오랜 시간 노래하다 보니 이젠 안 해본 스타일을 찾기

도 어렵더라고요. 랩 한가락 하는 타이거JK 형, 마미손, 제이통, 세계적인 밴드인 스매싱 펌킨스에서 기타 치는 제프 형, 노브레이끼 홍철이, 그룹 빅뱅과도 해보고, 어여쁜 8선녀 러블리즈와도 협업을 했을 정도니 참 다양하게도 했네요.

한때는 안 해본 발라드도 해보고, 아 랩이나 일렉트로닉 같은 건 접어두도록 할게요. 거기까지는 안 가도 괜찮습니다. 하고 싶은 마음도 없거니와 해도 좋은 소리보다는 욕먹기 딱 좋겠어요! 하하

그냥저냥 나이 많은 올드한 밴드는 되기 싫고 '한때' 잘 나가던 밴드라는 칭호 또한 받고 싶지 않은데… 고민입니다. (내가 사랑하는 주다스 프리스트 할배처럼 나이 70 먹고도 시원시원하게 노래하는 게 내 꿈인데….)

물론 이런 걱정을 하다가도 다시 까먹고 희희낙낙거리며 뚱땅뚱땅하는 게 우리 노브레인이긴 합니다. 걱정을 해서 걱정이 사라지는 것도 아니니 말이죠.

선생님, 밥 말리가 노래했어요! "Keep on moving!" 움직이라고 말이죠! 걱정만 해서 좋아지면 그냥 계속 걱정만 하면 되겠죠. 정진! 또 정진! 저는 잡생각이 들 때면 인생은 수련의 연속이라고, 계속 걷거나 노래 연습을 합니다.

아, 참. 최근 저의 사랑 두부 넨네와 산책하러 나갔다가

승합차의 뒷유리에 붙어 있는 엄청난 글귀를 보았습니다. '강물은 바다를 포기하지 않는다! 강물처럼!'

한강을 산책하다 발견한 이 글귀를 보고 소름이 확 돋았어요. 글귀와 함께 눈앞에 한강이 쫙 펼쳐지는데, 최근 조금은 힘들었던 저에게 해주는 말 같아서 울컥하더라고요. (나중에 알고 보니 노무현 전 대통령께서 하신 말씀이더라. 크으…)

선생님, 사람들에게 이 이야기를 꼭 하고 싶어요! 다 함께 바다로 가자고, 언제까지 좁은 강에 모여 있을 거냐고요. 흐르는 물은 썩지 않을 것이고 구르는 돌에는 이끼가 끼지 않으니까, 흐르고 흘러서 바다로 가자고요. 여전히 미래가 불안한 저이지만 안주하며 멈추지 않을 겁니다. 절대로요.

답답해서 찾아왔습니다

바다로
흐르는
강물처럼

한덕현

저 역시 안주하고 싶지 않습니다. 앞서 몇 번 말씀드렸지만, 스포츠 정신의학을 제대로 해보고 싶거든요.

제가 20년간 스포츠 정신의학을 프로 스포츠 구단에 적용하며 느낀 점은 이를 제대로 적용하기 위해서는 스포츠 정신의학이 스포츠 운영의 한 부분이 되어야 한다는 것입니다. 그러기 위해서는 저 같은 사람이 스포츠 구단에 정식 직원이 되어 직접 일하는 것이 제일 빠른 길이라 생각합니다. 저는 스포츠 정신의학을 하기 위해 의대도 졸업하고 교수도 하고, 스포츠에 대한 연구도 계속하고 있지만, 아직 어느 구단에서도 코치나 프론트 역할을 정식으로 해본 적이 없습니다. 그래서 저는 아직 구직 중입니다.

일단 정식으로 취직을 하고 몇 년간 일을 해본 다음에야 은퇴에 대해 생각하고 싶습니다. 앞서 강과 바다 이야기를 제 인생에 대입해본다면, 스포츠 정신의학을 스포츠에 제대로 도입하기 위해서 저는 의학과 스포츠, 각종 연구라는 세부 강줄기를 좌충우돌 경험했지요. 이제 그 경험들이 '프로 스포츠에 정신의학 도입'이라는 바다에서 만나게 하기 위해 최종 작업을 시작하려 합니다.

어쩌면 제 인생에서 만나지 못하는 바다일 수도 있겠지만, 최소한 강줄기를 만나게 하고 합쳐지게 하는 정도의 시도는 해볼 수 있지 않을까요?

그래서 저는 저와 뜻을 같이하는 구단과 사람들을 계속 만나보려 합니다. 그렇게 같이 꿈꾸는 사람들과 함께 있으면 고인물처럼 썩지는 않더라고요. 항상 아쉽게도 희망이 고문처럼 따라붙지만, 그 고문 같은 희망이 어쩌면 바다로 가는 흐르는 강물처럼 저를 썩지 않게 하는 제 삶의 일부가 아닐까 생각합니다.

다시 찾은 행복

이성우

사람이 있어야 할 곳에 있지 못하고 해야 할 일을 하지 못할 때 마음의 병이 생기고 소위 말하는 화병이나 우울증이 오는 것 같아요.

저는 원래 사람들을 모으던 사람이에요. 무대 위에서 뛰어다니며 수많은 관객과 땀 흘리고 침 튀기며 함께 노래하던 사람이죠. 하지만 그런 무대는 이제 유튜브에서나 볼 수 있는 광경이 되어버렸고 마스크를 쓰고 있지 않은 관객들을 보고 오히려 당황스러워하는 절 보며 묘한 기분이 들었어요.

어느새 마음속에 천둥번개가 요란하게 치고 허리케인이 지나간 듯 아수라장이 되더군요. 다행히 저는 선생님께 저의 이런저런 이야기를 털어놓을 수 있었고 선생님께서 노련하게 저의 근심걱정을 잘 풀어주셔서 무사히 지나갈 수 있었네요.

마음에 안정이 찾아오니 코로나가 제게 나쁜 영향만 준 건 아니란 걸 알겠더라고요. 앞서도 얘기했지만 제가 무얼 좋아하고 무얼 하고 싶었는지에 대한 스스로를 향한 끝없는 물음에 답을 주기도 했죠. 무대, 음악 그리고 관객들의 환호. 이런 것들이 제가 삶에서 진정으로 원하는 것들이란 사실을 확실하게 확인했어요.

하루는 반려견 두부 넨네와 함께 산책을 하다가 '아, 행복하다' 싶었습니다. 특별한 무언가를 한 건 아니에요. 두부 넨네와 함께 상암에 있는 자유의 공원에서 햇볕을 쐬며 셋이서 잔디밭을 개같이(애들은 개가 맞지만요) 뒹굴었던 게 다예요. 대자로 누워 하늘을 보는데 뭔지 모를 자유가 느껴졌고 이런 게 행복이 아닐까 싶었어요. 너무 오랜만에 든 생각이라 온몸에 전율이 느껴지며 눈물이 왈칵 날 정도로 모든 것에 감사하더라고요.

덕현 선생님! 인생이란 무엇이고 행복해지려면 어떻게 해야 할까요?

인생이란 걸 생각하면, 저는 사람은 태어나 행복이라

는 가치를 실현하기 위해 살아가는 것 같다는 생각이 듭니다. 무언가를 이루어내기 위해 꿈을 꾼다든지 무언가를 가지기 위해 노력한다든지, 결국 모든 행동들은 행복을 실현하기 위한 것이고 그게 인생이라고요.

전 어렸을 때 아빠가 술에 취해 집에 돌아오시는 걸 좋아했어요. 거나하게 취한 아빠는 맛있는 걸 손에 들고 오실 때가 많았기 때문이죠. 아빠가 사 온 전기구이통닭을 동생이랑 뜯어 먹는 게 그때 제겐 큰 행복이었어요.

그러고 보면 어렸을 때는 사소한 것에도 행복해하고 즐거워했는데 어른이 되면서 소소한 행복을 잊고 살았네요. 일상에서 '이 정도는 뭐, 당연한 거 아닌가?' 하며 대수롭지 않게 여긴 것들이 많아요. 그런데 참 신기하게도 두부넨네와 잔디밭을 뒹군 날 이후에 많은 깨달음을 얻게 되었습니다.

그동안 단순히 나이를 먹었다고 행복을 느끼지 못한 게 아닌 것 같더라고요. 나를 있는 그대로 보지 않고 누군가와 자꾸 비교를 해왔던 습관이 스스로 불행하게 만들었던 것 같아요. 누구는 집을 샀는데, 누구는 주식으로 돈을 엄청 벌었는데, 누구는 이번 앨범이 터졌다던데… 하면서 말입니다. 그건 그 사람들 일이고 내 일은 따로 있고 내가 처한 상황과 그들의 상황을 비교할 필요는 없는데 자꾸 자책하며 나 자신을 작게 만들고 있었던 거예요.

선생님과 이야기하면서 하고 싶은 일을 하지 못해도 나란 사람은 죽지 않고, 가지고 싶은 걸 갖지 못해도 나란 사람은 죽지 않는다는 것도 깨달았고요. 갖고자 발버둥 치거나 내다 버리고자 발버둥 치지 않아도 된다는 걸 깨달았습니다. 그러다 보니 많은 일들이 무겁지 않게 느껴졌고 소소한 행복을 더 자주 느낄 수 있게 된 것 같아요.

저는 제가 좋아하는 음악을 들을 때도 행복하고 기타를 칠 수 있을 때도, 노래를 부를 수 있을 때도 행복합니다. 록커인 제게는 당연한 일들이지만 그동안 너무 당연했기 때문에 행복하지 않다고 생각했던 것 같아요. 왜 그렇게 남이랑 비교하며 나에게 일어나는 일들은 하찮게 생각하고 남의 일들은 더 대단하다고 느꼈을까요.

다시 어렸을 때를 생각해봅니다. 별것도 아닌 걸로 행복했던 때를요. 이제 오늘 저의 행복을 생각해보려 합니다. 남의 행복에는 박수를, 나의 행복에는 축배를 들 수 있으면 좋겠네요!

Let it be

한덕현

코로나 시대에 우리는 통제를 받았습니다. 나 자신의 안전과 건강뿐 아니라 다른 사람의 안전과 건강을 위해서 말이죠.

군부독재, IMF 등의 비논리적 국가 통제와 강제가 이루어진 이후에는 정치 민주화 경제 민주화를 위해 정부와 사회가 우리에게 뭔가를 해주었습니다. 그런데 이제 코로나 팬데믹 이후에는 정부와 사회가 우리에게 무엇을 해줄지 수동적으로 기다리기보다 우리가 무엇을 할 수 있을지 생각해봐야 합니다. 아마도 내가 나대로 느끼고 생각하고 행동하는 것을 있는 그대로 표현하는, 우리의 직감을 교류할 수 있는 장이 필요하지 않을까요?

우리가 일상을 회복하기 위해서는 우선 각자의 느낌이 옳다는 자기 확신과 자신감을 회복해야 합니다. 그리고 나의 느낌이 옳은 만큼 다른 사람의 느낌도 옳다는 존중의 마음 또한 가져야겠습니다. 자극과 특별함이 극단으로 치닫던 시절, 우리는 코로나라는 멈춤을 만나 일상의 고마움 깨닫고 이웃과 친구의 참 만남을 간절히 기다렸습니다. 그동안 어떻게 느끼고 이를 어떻게 전달해야 할지 또한 잠시 멈춰 있었습니다. 따라서 일상 회복의 시작은 자기 자신의 느낌을 회복하는 것이며, 이를 위해서는 이웃과의 만남을 회복해야겠습니다.

헤세의 책 《데미안》에서는 주인공 싱클레어가 청년기 마지막 혼란에 빠져 있을 때, 니체의 책을 찾습니다. 인생을 생각할 때, 특히 인간 발달론을 논할 때 니체와 헤세를 비교해보면 이들에게는 재미있는 공통점이 있습니다. 바로 '자아실현'을 인생 목표의 핵심으로 둔다는 점이죠. 그리고 이 자아실현은 강제와 애씀이 반복되는 우격다짐의 과정이 아닌, 자신의 있는 그대로의 능력만큼의 솔직한 과정을 통해 이루어집니다.

니체는 자아실현의 단계를 낙타, 사자, 어린아이로 설

명했습니다. 목표나 이유 없이 맹목적으로 사막을 걸어가는 낙타같이 무조건적 조건에서 살아남아야 하는 인생 시기를 지나, 경쟁하고 싸우고 갈등을 겪으며 무조건 승리해야 기쁨을 느끼는 사자의 시기에 다다르죠. 하지만 언제 나이 들어 그 최고의 자리를 뺏길지 모르는 불안을 함께 안고 살아가는 시기가 바로 사자의 시기이기도 합니다. 니체가 말하는 인간 발달의 마지막은 있는 그대로의 나, 내 마음대로 지내면서도 타인의 자유를 구속하지 않는 어린아이 시기로, 자아실현의 최고 단계입니다.

반면 헤세는 나방과 새를 통해 자아실현의 중간 단계를 표현했습니다. "나방이 자신의 뜻을 별이나 뭐 비슷한 곳까지 향하게 하려 했다면, 그건 이룰 수 없는 일이겠지. 다만 나방은 그런 따위 시도는 안 해. 나방은 자기에게 뜻과 가치가 있는 것, 자기가 필요로 하는 것, 자기가 꼭 가져야만 하는 것, 그것만 찾는 거야."

즉 헤세는 자신의 목표를 위해 노력하는 일반 사람들을 화려한 나비가 아닌 나방으로 표현했습니다. 수선스럽게 자신의 본분과 목표를 잃어버리고 별을 쫓는 나비가 아닌, 소박한 목표를 향해 날아가는 나방 말입니다.

다른 사람과 비교하며 스스로를 작게 만들었다는 지난날 성우 씨의 모습은 사자와 비슷하지 않을까요? 그리고 지금 성우 씨의 모습은 헤세의 나방이 아닐까 싶습니다. 다른 일이나 특별한 이유 없이, 강아지들과 잔디밭을 구르다가 문득 행복을 느끼는 것만큼 소박한 게 또 있을 까요.

코로나 시기에 우리가 가장 그리워했던 것은 일상이지 만, 일상의 회복에 나선 포스트 코로나 시기에 우리는 금 방 다시 코로나 시기를 생각합니다. 그것은 아마 '잠시 멈 춤' 시기에 주변의 다른 사람과 나를 비교하지 않고 오롯 이 있는 그대로의 나를 느꼈던, '나'의 모습을 그리워하는 것이 아닐까요.

성우 씨와 나는 잠시도 멈추지 못하는 과도한 경쟁과 극단적 현실에 불안해져 폭주하던 가운데, 각각 성인으 로 만났습니다. 코로나 팬데믹이라는 잠시 멈춰진 그 기 간에 과거 어린 시절, 청년 시절을 지나 지금 일상의 '나' 의 모습까지 이야기했습니다. 니체와 헤세가 이야기한 '자 아실현'의 거창한 미래까지 이야기하지는 못했습니다. 하 지만 저 멀리 미래에서나 발견될 것 같던 자유에 대한 해 답은 '지금껏 살아온 나'와 '지금 이대로 살고 있는 나'의 일상 어딘가에 놓여 있을 겁니다.